教师教育专业信息技术培训教材

现代教育信息技术

主　编　马金钟

副主编　冷波　董德森　赵国宏

清华大学出版社

北　京

内 容 简 介

本书着重阐述教育信息技术所要求的各种知识与技能，包括数字化学习资源的内涵、网络学习资源的检索与利用、多媒体(视频、音频、图形、图片、文本、动画)素材的获取、多媒体素材的集成(课件制作)、流媒体的制作、教学媒体的设计与情境创设。本书结构完整、内容实用、思路清晰、形象生动、图文并茂，非常贴近教学和应用实践。此外，与本书相关知识点的扩展学习资源可结合校园网综合信息的教学资源库，突出了立体化教材的特点，努力调动学生主动探索的积极性，为学生自主建构知识与技能体系创造了数字化的环境。

本书既可作为高等师范院校现代教育信息技术能力培养的实用教材，也可作为提高大学生信息技术素养的实训教材，可供各类成人教育或从事多媒体应用开发技术人员参考，也可作为各层次的信息技术培训教材或相关从业人员自学用书。

本书对应的电子教案、教学案例、视音频资源、试题库和实例源文件可以到 http://www.ybu.edu.cn(综合信息门户)网站下载。

图书在版编目(CIP)数据

现代教育信息技术/马金钟 主编. —北京：清华大学出版社，2013.2（2019.9重印）

ISBN 978-7-302-31318-2

Ⅰ. ①现…　Ⅱ. ①马…　Ⅲ. ①计算机辅助教学—师范大学—教材　Ⅳ. ①G434

中国版本图书馆 CIP 数据核字(2013)第 007817 号

责任编辑：胡辰浩　易银荣
装帧设计：牛静敏
责任校对：邱晓玉
责任印制：丛怀宇

出版发行：清华大学出版社
网　址：http://www.tup.com.cn，http://www.wqbook.com
地　址：北京清华大学学研大厦 A 座　　邮　编：100084
社 总 机：010-62770175　　邮　购：010-62786544
投稿与读者服务：010-62776969，c-service@tup.tsinghua.edu.cn
质 量 反 馈：010-62772015，zhiliang@tup.tsinghua.edu.cn
课 件 下 载：http://www.tup.com.cn/edu，010-62794504
印 装 者：北京九州迅驰传媒文化有限公司
经　销：全国新华书店
开　本：185mm×260mm　　**印　张：**10.25　　**字　数：**237 千字
版　次：2013 年 2 月第 1 版　　**印　次：**2019 年 9 月第 5 次印刷
定　价：49.00 元

产品编号：050607-03

编审委员会

主　编：马金钟　延边大学

副主编：冷　波　延边大学

董德森　延边大学

赵国宏　延边大学

委　员：韩成军　延边大学

金石梅　延边大学

于茂春　延边大学

徐　鹏　延边大学

白静慧　辽宁省直属机关工委党校

成　红　吉林省安图县妇联

蒋玉华　白城师范学院

前　言

随着计算机技术和网络通信技术的发展，以及教育理论研究的不断拓展，我国教育信息化的水平已经达到了一个新的高度。从国际范围来看，自20世纪90年代中期以前，信息技术教育应用的主要模式是计算机辅助教学和计算机辅助学习。后来，国际教育界认识到信息技术可以在教育中发挥更重要的作用——创设全新的数字化教与学的环境，不只将信息技术作为工具和手段，更将信息技术发展为一个平台，教师和学生可以共同参与的、教师可以提供指导和引导的、学生可以自主探究和协作交流的教与学一体化的新型教育环境，创建主导—主体相结合的教学结构，改变传统教育结构下教师观念和教学模式与方法。2006年，教育部颁布了《中小学教师教育技术能力标准(试行)》，使教师作为职业的专业化要求提高到了一个新的水平，对于建立教师准入制度和教师评价体系给出了基本的标准，更进一步明确了教育信息技术的重要地位，突出了信息技术与各学科课程的整合对于教学改革的核心价值。

信息技术正改变着人们传统的学习、生活以及思维与工作方式，对整个人类社会的发展产生了深远的影响。针对教育信息技术对未来教育发展的重要性，作者结合多年的教学经验，同时也借鉴了国内外同行专家、学者的研究成果和教学实践，编写了这本教材。本书着重阐述教育信息技术所要求的各种知识与技能，包括数字化学习资源的内涵、网络学习资源的检索与利用、多媒体(视频、音频、图形、图片、文本、动画)素材的获取、多媒体素材的集成(课件制作)、流媒体的制作、教学媒体的设计与情境创设。本书结构完整、内容实用、思路清晰、形象生动、图文并茂，非常贴近教学和应用实践。此外，与本书相关知识点的扩展学习资源可结合校园网综合信息的教学资源库，突出了立体化教材的特点，努力调动学生主动探索的积极性，为学生自主建构知识与技能体系创造了数字化的环境。

本书既可作为高等师范院校现代教育信息技术能力培养的实用教材，也可作为提高大学生信息技术素养的实训教材，可供各类成人教育或从事多媒体应用开发技术人员参考，也可作为各层次的信息技术培训教材或相关从业人员自学用书。

希望通过本书的学习和相应的训练，学生能够掌握现代教育信息技术的基本理论和实践技能，并且能够高效准确地获取甚至开发和制作数字化的教学资源和学习资源，为我国教育信息环境的数字化建设迈向新的高度贡献力量。

本书在编写过程中，参考了兄弟高校历年出版的教材，在此表示感谢。由于作者水平有限，书中难免有不当之处，敬请广大读者指正。我们的网址是www.ybu.edu.cn，书中有关的学习资源，请在本网站综合信息门户查询。

编　者

2012年8月于延吉

目　录

第 1 章　数字化学习资源概述

【学习目标】

(1) 熟悉数字化教学资源和学习资源的类型。

(2) 掌握开发数字化学习资源的途径。

随着信息技术的高速发展，社会生活方式发生了巨大变化，包括学校教育中教与学的方式也以一种全新的形式呈现在每一个教师与学生面前，这就是教与学资源的数字化。学习的内容不再仅停留在黑板上、纸质的教材里和教师的讲解上，而是以文本、图形图像、声音、视频、动画等形式通过多媒体教室、网络环境呈现出来。这种种现象其实也在无声地告诉大家，一个新的教育时代已经来临，即数字化学习。

1.1　数字化教学资源的概念界定

1.1.1　教学资源

教学资源并不陌生，但要确切地给教学资源作进一步界定就不那么容易了。通过查阅相关文献，发现当今社会对教学资源的界定有多种说法。其中，最主要的几种观点如下所示。

乌美娜教授定义：所谓教学资源是指各种各样的媒体环境与一切可用于教育教学的物质条件、自然条件以及社会条件的总和。

《教育大辞典》定义：教学资源是支持教学活动的各种资源，分为人类资源和非人类资源。人类资源包括教师、学生学习小组、课外活动小组、旅行小组、课外辅导员、家长、社会成员等。非人类资源包括各种媒体和各种教学辅助设施。传统媒体主要有粉笔、黑板、印刷媒体等；现代媒体主要有投影、计算机、电影等，此外还包括各种社会教育性机构。

我国教育部 2004 年对教学资源的解析是：学习资源指在学习过程中可被学习者利用的一切人力与非人力资源，主要包括信息、资料、设备、人员、场所等。在课堂教学中所利用的学习资源也称为教学资源。

1.1.2　数字化教学资源

数字化教学资源是近几年随着信息技术的飞速发展，多媒体教学的全面推广而被广泛应用的词汇。查阅相关文献发现，对数字化教学资源的界定也各不相同，没有形成统一的解析。

笔者认为，章苏静教授在《数字化教学资源管理》中对数字化教学资源的概念界定最具有代表性。数字化教学资源是以多媒体计算机技术为基础设计、开发、存储与传播，基于信息化、网络化环境传递的教学资源；是支持数字化教学过程中可被教学或学习者利用的一切人力与非人力资源。人力资源包括教师、网络助教、学生、学习小组、家长等；非人力资源包括各类数字化、网络化教学材料、数字化辅助设施和环境、数字化教学支持系统等。

1.1.3　数字化学习资源的分类

教学资源依据其表现形态可分为：硬件资源和软件资源。所谓硬件资源是指学习进行过程中所需的机器、设施、场所等看得见的物化设备。所谓软件资源是指各种媒体化的学习材料和支持学习活动的工具性软件。

对于数字化教学资源的分类，也是时下一个比较热门的话题。基于教学资源的形态分类方法，笔者认同章苏静教授在《数字化教学资源管理》中提到的分类方法。数字化教学资源按其表现形态可分为：数字化硬件资源、数字化软件资源、数字化系统集成环境和人力资源。

数字化硬件资源指有形的、具体的、可用于数字化教学资源设计、开发、获取、加工、应用、管理、评价等各类仪器和设备。数字化硬件资源是教育信息化的物质基础。具体来说，笔者认为数字化教学硬件资源主要是指现代多媒体教育中能够承载多媒体材料及其运行的多媒体计算机及网络环境。在各个学校中，数字化教学硬件资源主要包括多媒体综合教室、人机对话语音室、多功能报告厅以及数字化校园等一切与现代多媒体教学有关的各种媒体。

数字化教学软件资源指以多媒体技术为基础设计、开发、存储与传播，符合一定教学目标和教学要求，经筛选可用于教学、促进学习的一切信息及其组织。如媒体素材、文献资料、教学案例试题、教学课件等。

数字化系统集成环境在一定程度上综合了数字化硬件资源的特点，是指由各种数字传播媒体及配套运作软件组成的数字化教学环境。

人力资源包括教师、教学支持人员、学生、学习小组、家长等。

1.1.4　数字化教学对硬件资源的需求变化

国内研究认为：数字化教学资源在课堂教学中的应用，在我国大致经历了以下 4 个阶段：(1)多媒体辅助教学课件在课堂教学中的应用；(2)同站与同页式交互课件在课堂教学中的应用；(3)基于数字化教学资源的课堂教学；(4)基于数字化教学资源的课堂学习。

而随着阶段的不同，数字化教学对学校硬件资源的需求也逐渐增大，由最初期的简单的计算机也逐渐演变成比较系统、功能齐全的多媒体教室以及网络教学平台。硬件建设的基本目标是建立能使教育者和学习者广泛受益的数字化学习环境，并持续地运行、维护和更新。硬件建设主要包括信息化网络基础设施、多媒体教室、多媒体开发设备等方面的建设，利用的关键是要充分发挥各种硬件资源的整体效能，并注意设备的操作方法与使用安全，以便多通道高效率地进行信息的传输、加工、存储与显示。

1.2　数字化学习资源的概念界定

学习资源是指可以用于学习的一切资源，包括信息、人员、资料、设备和技术等。例如教材、参考书及其他学习的环境及载体。或者说，数字化学习资源是经过数字化处理、依据学习者特征进行编辑的，可以在多媒体计算机上或网络环境下运行的供学习者自主、合作学习的，且可以实现共享的多媒体材料。按其呈现方式不同，数字化学习资源大致可以分为数字视频、数字音频、多媒体软件、CD-ROM、网站、电子邮件、在线学习管理系统、计算机模拟、在线讨论、数据文件、数据库等。与此相对应的是非数字化学习资源，包括印刷材料、幻灯片、投影片、电影、电视、录像等。数字化学习资源能够激发学生通过自主、合作、创造的方式来寻找和处理信息，从而使数字化学习成为可能。

数字化学习不仅仅局限于教科书的学习，还可以通过各种形式的多媒体电子读物、各种类型的网上资源、网上教程进行学习。网络学习资源的特点如图 1-1 所示。

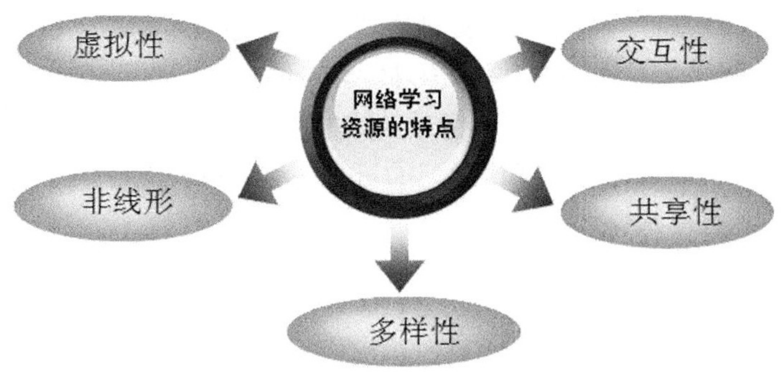

图 1-1　网络学习资源的特点

1. 获取的便捷性

利用数字化学习资源的学生可以不受时空和传递呈现方式的限制，通过多种设备，用各种学习平台获得高质量课程相关信息，可以实现随意地进行信息的传送、接收、共享和存储。

2. 形式的多样性

数字化学习资源以电子数据的形式表现信息内容，其主要的媒体呈现形式有文本、图像、声音、动画、视频等，极大地丰富了信息内容的表现力。除此之外，其友好的交互界面、超文本结构极大地方便了学习者的学习，虚拟仿真的应用也更有助于学习者对知识的记忆与理解。

3. 资源的共享性

任何信息资源都具有共享性这一属性，数字化学习资源同样具有共享性，而且由于其特殊的教育传播功能使得共享的群体数量更大。其主要表现在，利用电子读物或网络课程实现的资源共享传播面要比普通信息资源共享的传播面大。

4. 平台的互动性

数字化学习资源与以往传统的学习资源相比较，其最大的优势在于其互动性。无论是通过网络媒介进行的学习方式，还是通过光盘等进行的学习方式，其双向交流的方式得到越来越多学习者的喜爱。一方面，学习者可以通过网络上的交流工具，实现与老师或学生之间的交互；另一方面，学习者还可以从学习软件的数据库中寻求问题的答案，同时也可以将软件数据库自行更新。

5. 内容的非线性和扩展性

数字化学习资源的扩展性主要表现在以下两个方面：可操作性和可再生性。

(1) 可操作性：数字化学习过程，既把课程内容进行数字化处理，同时又利用共享的数字化资源融合在课程教学过程中。这些数字化学习内容能够被评价、修改和再生产，它允许学生和教师用多种先进的数字信息处理方式对它进行运用和再创造。

(2) 可再生性：经数字化处理的课程学习内容能够激发学生主动地参与到学习过程中，学生不再是被动地接受信息，而是采用新颖熟练的数字化加工方法，进行知识的整合、再创造并作为学习者的学习成果。数字化学习的可再生性，不仅能很好地激发学生的创造力，而且能为学生创造力的发挥提供更大的可能。

数字化学习资源的作用机理，从建构主义学习理论的视角看，学习者所获取的知识不是由外部直接给予的，而是通过学习者自主建构而形成的。学习者在解决问题中会产生新的需要，要求有新的可用的资源的帮助，新的可用的资源从提供的资源中找寻，当不存在时可反馈给设计者或智能代理，从而帮助其不断修改、完善提供的数字化学习资源，并有助于提高系统的完整性。

从信息传播的视角看：在数字化学习资源的传播过程中，设计者和智能代理作为传播者将数字化学习资源传给使用者，并且使用者可将学习结果反馈回来，以多种方式呈现；通过传播、反馈，可不断修改、补充、完善数字化学习资源。这些有利于知识的获取，且有利于知识的保持，并在学习过程中通过反馈使自身得到不断完善。

问题思考：

在你的学习履历中，你都用到了哪些学习资源？哪些你还没用到？网上都有哪些学习资源？相对于课本，这些学习资源有哪些特点？

1.3　数字化学习资源的构成

1.3.1　数字化学习资源的内容

学习内容按照知识体系结构和一般的认知规律以非线性方式生成。这种学习资源的表现方式通常为：多媒体课件、文档、视频、音频和动画等。从信息技术的角度，根据《教育资源技术标准》对教育资源进行分类，主要有以下 9 种。

(1) 媒体素材。它是传播教学信息的基本材料单元，可分为五大类：文本类素材、图形图像类素材、音频类素材、视频类素材和动画类素材。

(2) 试题。

(3) 试卷。

(4) 课件。课件是对一个或几个知识点实施相对完整教学的，用于教育、教学的软件。根据运行平台划分，课件可分为网络版的课件和单机运行的课件。网络版的课件需要能在标准浏览器中运行，并且能通过网络教学环境被大家共享。单机运行的课件可通过网络下载后在本地计算机上运行。

(5) 案例。案例是指由各种媒体元素组合表现的、有现实指导意义和教学意义的代表性事件或现象。

(6) 文献资料。

(7) 网络课程。网络课程是通过网络表现的某门学科的教学内容及实施的教学活动的总和。它包括两个组成部分：按一定的教学目标、教学策略组织起来的教学内容和网络教学支撑环境。

(8) 常见问题解答。

(9) 资源目录索引。

这些内容借助多种形式的学习支持工具与平台来完成，比如聊天工具、电子邮件、检索系统、数字化图书馆、文字处理工具、图形图像动画制作编辑软件(如 Photoshop、Flash 等)、信息集成工具(如 PowerPoint、Authorware 等)、网站建立工具(如 Frontpage、Dreamweaver 等)。

1.3.2　数字化学习资源的形式

1. 电子期刊

电子期刊是网上重要的信息资源，主要类型有3种，分别是电子报纸类、电子杂志和期刊类、电子新闻和信息服务类(NIS)。随着大量的期刊在网上发行，电子期刊的获取越来越容易。根据电子期刊是否发行印刷版本，可以分为两种类型：一种是同时发行印刷版本，目前绝大部分的电子期刊属于此种；另一种是只发行电子版本，是真正意义上的电子出版物，如《教育技术通讯》(www.etc.edu.cn)等。目前，大多数的电子期刊是免费的，但随着读者人数的增加，以后可能需要交纳一定的费用后才能获得某些信息。知名的电子期刊有中国期刊网、万方数字化期刊、国际教育技术杂志FNO等。

2. 百科全书

百科全书是以词典形式编排的大型参考书，以其内容的高度概括性、知识的科学性、编撰出版的权威性、数据事实的准确性、编制体制的完备性等特点，被称为“工具书之王”。百科全书至今已经有2000多年的编撰历史了，而电子百科是近些年才发展起来的新事物，不过著名的《大英百科全书》1996年就已经有了在线服务。知名的电子百科网有：韦式在线辞典、辞典网、我国《英汉—汉英科技大辞典》的网络版、《大不列颠百科全书》、知识在线、网络知识百科全书等。

3. 数据库

数据库是指大量信息对象的集合，允许用户根据某些属性进行检索。网上有各种各样的数据库，包括图书馆目录和一些专门用途的数据库。当前，许多校园网也建有各学科教学内容的数据库，以备学生查阅、练习、下载等用途。

4. 教育网站

众多的教育机构和教学者个人都在建立自己的网站，用于发布自己的数据资源，比如网络课程、教案及其他资料。例如，“爱课程”网站发布着国内精品的课程，包括近年来刚刚推出的面向全球教育领域的视频精品公开课。

1.3.3　数字化学习资源的检索

随着互联网的飞速发展，网上资源日新月异，呈爆炸性增长。面对浩如烟海的数字化、多媒体、非规范、跨时空、跨行业、跨语种的信息资源，用户迫切需要高效的检索技术和检索工具。互联网上有许多检索工具，为查询信息提供了诸多途径。所谓检索工具，是指在互联网上提供信息检索服务的一类网站或服务器，其检索的对象是存在于互联网信息空间中的各种类型的网络信息。搜索引擎分为全文搜索引擎、目录索引类搜索引擎及元搜索引擎。

1. 全文搜索引擎

全文检索是指计算机索引程序通过扫描文章中的每一个词，对每一个词建立一个索引，指明该词在文章中出现的次数和位置，当用户查询时，检索程序就根据事先建立的索引进行查找，并将查找的结果反馈给用户的检索方式。这个过程类似于通过字典中的检索字表查字的过程。这种引擎的特点是搜全率比较高。最常用的全文搜索引擎有百度、谷歌等。它们从互联网提取各个网站的信息(以网页文字为主)，建立起数据库，并能检索与用户查询条件相匹配的记录，按一定的排列顺序反馈结果。百度于 2000 年 1 月在北京中关村创立，是全球最大的中文搜索引擎。

2. 目录索引搜索引擎

目录索引是指用户在查询信息时，可选择关键词搜索，也可按分类目录逐层搜索。这种引擎的特点是查找的准确率比较高。创建于 1994 年的 Yahoo，是最早的、最有代表性的目录型检索工具。目前，通常的检索办法是借助关键词、作者名、网站名等进行检索。

1.4　我国数字化学习资源建设的现状

数字化学习资源，作为在信息技术发展前提下学习资源在网络空间的延伸，不仅拓展了传统学习资源的再现方式，更为重要的是，它满足了学习者获取更多优质学习资源的需求，按需学习，自主学习的需求以及随时随地学习的需求。它以其在共享性、自主性、随机性等方面优于传统学习资源。我国正在极力倡导的推进教育信息化，正是依托于数字化学习资源。教育信息化建设是一项系统工程(它包括硬件基础设施的建立、软件支撑平台的研发、数字化学习资源的建设以及广大教师的理论与技术培训等组成要素)，随着教育信息化工程的整体推进，要求数字化学习资源的建设也要同步向前发展。

1.4.1　国际上教育思想的转变

在数字化学习资源建设的过程中可以看到，从上世纪 90 年代末到本世纪初，整个国际教育界的教育思想有一个大的转变。由于在网络环境下既有丰富的学习资源，又有很强的交互性，便于自主学习、自主探究，所以，随着网络的普及，在建构主义理论的支持下，基于网络的“以学生为中心”的教育思想在上世纪 90 年代初期、中期甚至到 90 年代末都一直很流行，而传统的“以教师为中心”的教育思想则受到严厉的批判。与此同时，在教学过程中教师必不可少的主导作用(如正确的启发引导、重点与难点的分析把握、促进新知与旧知之间的联系等)也被当作糟粕扔掉了。但是经过 10 年左右网络教育实践的探索以后，人们发现在促进学生自主学习、自主探究方面，在培养学习者创新意识、创新思维、创新能力方面，由网络教育所体现的数字化学习(E-Learning)确实具有其他媒体、其他学习方式所不可比拟的优势；与此同时，人们也认识到，这种网络教育并不能完全取代传统教育。比如，传统教育中的人文氛围、教师的言传身教以及教师主导作用的更有效发挥等都是E-Learning 所无法取代的。因而近年来国际上比较强调二者的结合——既要发挥网络环境下数字化学习的优势，也要发挥传统教学的优势，也就是主张把数字化学习的优势与传统教学的优势二者结合起来，并把这种结合称之为 Blending Learning 或 Blended Learning(简称 B-Learning)。从教育思想看，这就相当于既抛弃“以教师为中心”又抛弃“以学生为中心”，而转向“主导—主体相结合”。即，在高度重视学生的自主学习、自主探究，凸现学生在学习过程中的主体地位的同时，也要重视充分发挥教师在整个教学过程中的主导作用。

与国际教育界上述教育思想观念的转变相适应，数字化学习资源建设的内容也要相应地实现由支持“以教为主”或“以学为主”，转变为支持“学教并重”。

支持“以教为主”的数字化学习资源，由于其主要关注点是辅助教师解决教学中的重点、难点，提高教学效率，更好地向学生传授知识(而对学生自主学习、自主探究等活动则缺乏相应的关注与支持)，故其内容强调要为一线教师的学科教学提供多媒体课件、CAI课件、典型课例、教学设计方案和各类试题等资源；支持“以学为主”的数字化学习资源，由于其主要关注点是要促进学者的自主学习、自主探究活动和小组的协作学习、协作探究活动(而对如何辅助教师的“教”，则缺乏相应的关注与支持)，故其内容应是能起认知探究工具作用与协作交流工具作用的数字化学习资源。

支持“学教并重”的数字化学习资源，其关注点是既要辅助教师的“教”，又要促进学生自主地“学”。即，既要重视如何辅助教师解决教学中的重点、难点，提高教学效率，更好地向学生传授知识，又要凸现学生在学习过程中的主体地位，充分调动学生的主动性、积极性、创造性。所以其内容应是“以教为主”和“以学为主”这两种数字化学习资源内容的有机结合。

1.4.2　不同类型资源的应用与开发特点

数字化学习资源通常有以下 5 种类型：课件类(含多媒体课件和 CAI 课件)、案例类(包括典型课例、教学设计方案、各类试题等)、多媒体素材类、文献资料类和信息化学习工具类。如上所述，课件类和案例类属于支持“以教为主”的数字化学习资源；多媒体素材类和文献资料类则属于支持“以学为主”的数字化学习资源，而且对于所有学科(包括人文学科、数理学科)都是适用的——不管是文科类的信息技术与课程整合，还是理科类的信息技术与课程整合，这两种类型的数字化学习资源都可以很好地发挥认知探究工具与协作交流工具的作用；第五种数字化学习资源(信息化学习工具类)虽然也属于支持“以学为主”的数字化学习资源，但它主要应用于理科类的信息技术与课程整合——作为数理学科的认知探究工具与协作交流工具(在文科类的信息技术与课程整合过程中，基本上不会采用这类信息化学习工具)。

上述第二和第三种类型的数字化学习资源(案例类和多媒体素材类)，一般来说，只要通过网上搜集、下载、整理即可获得；其余 3 种类型的数字化学习资源则要由教师自己去研究、设计、开发，因而要占用较多的时间，并会在技术上遇到许多的困难，尤其是以信息化学习工具类的研发为甚——必须具有专门的(甚至是较复杂的)计算机软件技术才有可能完成(所以信息化学习工具通常也称之为“基于计算机软件的学习工具”)。

这里应当指出的是，重视数字化学习资源的建设，并非要求教师们全都自己去搞多媒体课件或计算机软件的开发，而是要求广大教师去努力搜集、下载、整理和充分利用因特网上的已有资源。只要是网站上有的，不管是国内的还是国外的(国外也有不少免费教学软件)，都可以采取“拿来主义”(但“拿来”以后只能用于教学，而不能用于谋取商业利益)。只有在确实找不到与当前教学内容相关的数字化学习资源(或者找到的资源不太理想)而且教师本人又具备相关技术背景的条件下，才有必要由教师自己去进行开发。

1.4.3　数字化学习资源管理新的发展趋势

目前对数字化学习资源的管理，主要考虑的问题是如何通过数据库存储方式对学习资源的数据内容进行有效的管理，但管理数字化学习资源的最终目的，是为了能在教学过程中充分地利用这些资源。所以，我们在建设数字化学习资源的过程中不仅应当关注学习资源的数据内容管理，同时也应当关注(甚至更应当关注)学习资源应用环境的支持与管理。可见，由仅仅关注学习资源的数据内容管理转向同时关注(甚至更为关注)学习资源应用环境的支持与管理，这是当前关于数字化学习资源管理的研究与开发中的一个新趋势。

这种新趋势的典型范例之一是美国教育部对其所属资源库的管理。在当前以用户为中心的学习资源服务体系中，大多数是以门户网站作为基本呈现方式。友好的界面和便捷的资源获取方式能提供及时的服务，如信息查询和常见问题解答等，而且多个门户网站可以对应一个资源数据库(但提供不同的功能界面)。美国教育部所属的 ERIC 资源库，不仅有丰富的教育内容，还可根据用户需求提供多种服务——既可面向学校和科研机构这类团体用户提供综合性服务，也可面向个体用户提供个性化的定制服务；与 ERIC 相关的门户网站是 ASKERIC，它既有丰富的 ERIC 资源支持，又包括各种资源应用服务功能，如在线答疑、资源收集、问题档案、课程计划、邮件列表以及 16 种不同学科的专门知识查询等。用户可以在线查找问题的答案，如果对此答案不满意，还可以发电子邮件给 ERIC 管理部门，该部门拥有众多专家负责在线回答电子邮件提出的各种问题，一般在两天之内就可以收到回复。

借鉴美国在这方面的先进经验，国内有些地方的数字化学习资源建设已经从学习资源的数据内容管理为主开始向资源应用环境的支持与管理为主转变。例如，广东佛山、东莞等地的数字化学习资源网，目前主要采用学科群资源网站形式作为资源用户的前端应用环境，后台则采用数据库对资源的数据内容存储进行有效管理。这种做法为数字化学习资源的管理与应用提供了新的思路，也得到广大中小学教师的认同。

学科群资源网站是以不同学科的数字化学习资源为核心，建设起一个集资源共建共享、在线课件开发、联机备课、学科信息发布、互动交流等功能于一体的多学科、多层次的学科网站群，目的是使数字化学习资源的利用能更加符合教师和学生的思维方式与行为习惯。这种学科群资源网站管理模式的最大特点是：某个学科资源的内容与其他学科资源的内容相对分离——每个学科只为用户提供这一学科的数字化学习资源。这些资源的内容按照不同学科的结构特点以及教师的使用习惯，通过多种栏目向教师展示并提供。与此同时，系统还设置了便于资源应用的服务性工具，使学习资源的应用既方便、快捷，又能做到更系统化与专业化。

除了上述优点以外，这种学科群资源网站管理模式还便于对数字化学习资源的内容进行细化的组织与管理——在通过多种方式去利用和管理该学科的数字化学习资源时，可以按照不同学科的结构方便地将每个学科的教学内容细化到各个知识单元和每一个知识点。

关于数字化学习资源管理的研究与开发中的另一个新趋势，则与资源分布式存储与管理的核心技术有关。

目前，绝大部分省、市或地区的数字化学习资源都是分散存储于该省、市的各个学校或该地区的不同学习资源网站上，应当采用何种机制才能对分散存储的资源进行有效管理并进行共建、共享，这是数字化学习资源建设关注的焦点之一。我们认为，建立“区域内分布式资源网络管理系统”是有效解决大范围数字化学习资源整合与共享问题的较佳方案。建设区域内分布式资源网络管理系统的核心技术包括以下两项内容。

(1) 对资源目录的集中管理。本地区的学习资源中心(例如省电教馆)要为广大用户提供一个能覆盖本地区所有数字化学习资源网站的资源目录管理系统，以便本地区不同学习资源网站之间的互相访问与资源共享。而且，还要有专人对该资源目录系统进行经常性维护，从而达到本地区范围内各资源站点目录的同步更新与统一管理。与此同时，系统还应提供专用的教学搜索引擎，以实现对不同资源站点上相关信息的快速查询与检索；当用户需要打开某个资源时，资源目录管理系统应提供重定向功能。

(2) 对资源数据的分布式存储。数字化学习资源网络系统是由多个资源站点组成的，资源网内每一个提供资源信息服务的站点都是资源网中的一个节点——用于存储实际的物理资源。资源节点之间基于一定的信任授权关系进行资源互访，资源元数据信息与本地区学习资源中心目录管理系统中的目录信息保持同步，因此可以实现网络系统内数字化学习资源的分布式存储和集中式管理，并在本地区范围内提供广泛的基于共享的数字化学习资源服务。

2002 年 10 月，广东省教育厅根据以上思路在国内率先建立了一个省级范围的基础教育分布式资源网络管理系统。数字化学习资源在全省各市、县分布式存储，将下属各市、县数字化学习资源的描述信息加以集中管理——以广东省电教馆作为全省的学习资源中心，集中管理全省基础教育领域内所有数字化学习资源网站上的资源目录；在各市、县资源库内容更新的同时，将同步更新省级学习资源中心(即省电教馆)的资源索引目录。全省的学习资源中心既为广大的中小学师生提供专用、高效的教学搜索引擎，又和各市、县的学习资源中心(或资源站点)通过宽带网络无缝连接成一个覆盖全省的分布式资源网络系统。这样，既可以保证全省中小学师生能快速检索到省内基础教育领域的全部数字化学习资源信息，又可以避免因大量资源集中存储而造成的信息阻塞现象。

1.4.4　数字化学习资源的技术标准

在建设数字化学习资源的过程中，技术标准的制定是一个非常重要的问题。缺乏统一的技术标准，数字化学习资源将难以共享，各网络教学系统之间也无法实现互操作。迄今为止，国际上已有不少国家和组织致力于数字化学习资源技术标准的研究与探索。从 1998 年开始，我国政府大力推动基于网络的现代远程教育工程。为解决随之而来的教育资源属性标注混乱的问题，我国教育部在上世纪末启动了“现代远程教育资源建设技术规范”的制定工作；到 2002 年以后，教育部还正式成立了“教育信息化技术标准委员会”，该委员会以实现数字化学习资源的全国性共享、支持不同网络教学系统之间的互操作、保障网络教育质量为目标，通过跟踪国际标准化组织的研究，学习和借鉴相关国际标准的先进思路及做法，并结合我国的实际情况，最终形成了具有中国特色的教育信息化技术标准(CELTS)体系。

《现代远程教育资源建设技术规范》指导和规范了我国远程教育(网络教育)资源的建设工作。这一规范在我国 67 所高校网络学院的数字化学习资源建设过程中确实发挥过较大的作用，但是自 2002 年以后，随着“教育信息化技术标准委员会”的成立，我国逐步建立了自己的教育信息化技术标准(CELTS)体系。那么，在这个 CELTS 体系和原来的《规范》之间，到底存在什么样的关系呢？数字化学习资源的开发者和广大教师到底应如何来遵循有关的标准呢？

在 CELTS 体系中有 3 个涉及数字化学习资源建设的技术规范，它们分别是：《学习对象元数据》(CELTS-3)，《教育资源建设技术规范》(CELTS-41)及《基础教育教学资源元数据规范》(CELTS-42)。其中，《教育资源建设技术规范》(CELTS-41)是在教育部《现代远程教育资源建设技术规范》的基础上形成的(二者基本一致)。换句话说，遵循《现代远程教育资源建设技术规范》即遵循新的 CELTS-41 标准。所以在这个 CELTS-41 标准和《现代远程教育资源建设技术规范》之间并不会出现矛盾、冲突现象。但是，在当前建设数字化学习资源的过程中，CELTS 体系内的 3 个规范有时却容易发生某种混淆，从而给数字化学习资源的建设造成不利的影响，为此需要加以澄清。事实上，这 3 个技术规范在制定的指导思想上是一脉相承的，三者的核心数据完全一致，只是在具体应用层面上有些差别。

《教育资源建设技术规范》(CELTS-41)的基本结构包括以下 3 个部分：(1)必需数据元素(LOM 核心集)。它与学习对象元数据规范中的必需数据元素一致，是任何类型的资源都必须具备的属性标注，开发者必须严格遵循。(2)可选数据元素(通用可选集)。它与数字化学习资源密切相关，并适用于各类数字化学习资源的属性集合，可根据用户需求和开发者自身的工作条件有选择地使用。(3)扩展数据元素(分类扩展集)。根据每类资源的特点，增补了一些与该类资源技术特征或教学特征相关的属性。

数字化学习资源建设是教育信息化的一项基础性工程，从长远的观点看，资源建设应有可扩充性并能可持续发展，为了使数字化学习资源建设能适应这一目标的要求，采用《教育资源建设技术规范》(CELTS-41)应是比较恰当的选择。

1.5　数字化学习资源对教师与学生的意义

教学实践表明，有效地利用数字化教学资源，对于学生学习能力以及问题意识的培养乃至怀疑精神的塑造具有重要意义。学生通过对数字化教学资源的真正利用，可以激发学生的学习与发现的兴趣，是培养自主学习能力和创业能力极佳的路径。数字时代的年青一代所具有的优势通常超过年长者，这种并非个体性因素造成的优越，已越来越得到认同，这也是人类在数字化革命中所取得的最重要的收获之一。数字文化所自然生成的 DIY 学习理念已成为一种网络的标识性的文化符号。这种文化理念的培养往往是一种互动精神，而互动能协助孩子成长，培育其开发本身的价值，训练其判断分析力、评估力、批判力及帮助他人的能力。在这种情况下，教师在教学中应积极及时地引导学生开发和利用数字化教学资源，并由此培养学生的发现、思考、分析及判断能力。学生可以根据自己已有的知识背景和思维结构，根据学业的需要，自行斟选、组织相关教学资料和学术信息，并建构自己的知识体系，得出自己的观点见解。

学生通过接触数字化教学资源，不仅可以获得建构知识的能力，而且还能得到信息素养的培养。建构知识的能力首要是自主学习能力的获得。通过对数字化教学资源的选取与利用等环节的实践，学生的学习从以教师主讲的单向指导的模式转为一次建设性、发现性的学习，从被动学习转为主动学习，由教师传播知识转为学生自己重新创造知识。研究表明，在数字化时代和信息社会，学生达到能够自主学习的重要前提还取决于具有怎样的信息素养。让学生直接利用数字化教学资源，无疑是锻炼和提高学生的信息素养的大好机会，也是检验其学习能力、学习收获的最佳方式和途径之一。

相对于学生，教师面对数字化教学资源所感受到的不仅是便利，更多的是挑战。

首先，数字化时代对教师的角色观念，必须有新的认识和定位。在传统教学模式中，受制于条件，教学大都以教师为中心，教学结构是线性的，以教师的单向传播为主，多数情况下学生是被动的接收者，学习的自主性难以体现。教师的专业背景，知识取向和个人喜好等因素均对教学内容有着决定性的影响，因此，在某种意义上说，教师在教学中处于中心和权威地位，掌握着主要的话语力。应该说，在信息化和数字化技术尚不发达的时代里，传统的单向传播式(也称为广播式)的教学模式，几乎称得上是最佳选择，并在人类的教育史和文明史上起过并还在起着重要作用。但数字化信息化时代的到来，对以往的教与学的结构模式形成巨大的挑战，学习知识的渠道和媒介也不再是单一的，不仅有纸媒文化，还有电子媒介尤其是网络上的各种数字化知识和资源，都对教师的中心地位形成挑战。网络和信息面前人人平等，教师和学生具有同等的信息条件，面对同样的信息资源，这无疑给教师提出新课题。学生在利用数字化教学资源方面所表现出的优越性，教师不仅不能回避和视而不见，更应给予鼓励和激发，“弟子不必不如师”，教育的本质重在超越，这才是教育的本质性的目的和诉求。

其次，面对数字化时代教学的新挑战和新课题，教师必须有清醒的认识，同时也必须思考和实施新的对策与方法。面对新的教学形势和教学条件，教师一方面要积极激发和培养学生自主学习兴趣和创新创业能力，另一方面更应重新确立教育教学的侧重点。由于教师与学生面对的是同样的数字信息资源，教师必须将教学内容重点定位在学科和课程的前沿性和前瞻性上，在教学中适度加入自己通过研究分析归纳，对学科与课程的重点问题做出自己的整理、评价和前瞻，并将本学科中出现的前沿性问题加以介绍讲解。这不仅有利于学生形成敏感的问题意识，提高分析问题和解决问题的能力，而且对其未来的发展也提供了知识系统的延伸和引导，益于专业素质的培养。

此外，教学内容重点还应锚定在知识的深度性方面，即教学必须向深度开掘。在教学中加强内容的深度性不仅是信息时代使然，更是高等学校教学的重要目标。教师在课堂上针对某一问题应尽可能地提供有见地的、有科研含量的个人见解，这也是学生异常欢迎的和希望听到的。这无疑会使教师的教学与科研形成良性的链接与互动，真正实现以教学带动科研，以科研促进教学深化的良好局面，这无疑是教师这一职业的理想境界。

第 2 章　图形图像处理技术

【学习目标】

(1) 熟悉图形图像的几种格式。

(2) 能够熟练地对图形图像作变换处理。

(3) 有能力获取数字化图形图像资源。

图形与图像是人类视觉所感受到的一种形象化的信息。图形图像处理技术是多媒体处理技术应用的重要领域，其应用范围涉及科技、教育、商业、艺术、军事、医学等领域。

2.1　图形

计算机屏幕上显示出来的画面与文字，通常有两种描述方法：一种方法称为矢量图形或几何图形；另一种描述画面的方法叫做点阵图像或位图图像，简称图像。

2.1.1　图形与图像的区别

图形是使用一个指令集合来描述的。这些指令描述构成一幅图的所有直线、圆、圆弧、矩形和曲线等的位置、维数和大小、形状、颜色，需要相应的软件读取这些指令，并将其转变为屏幕上所显示的形状和颜色。

产生图形的程序通常称为绘图程序。它可以分别产生和操作矢量图形和各个片段，并可任意移动、缩小、放大、旋转和扭曲各个部分，即使相互覆盖或重叠，也依然保持各自的特性。图形与分辨率无关，用户可以将它们缩放到任意尺寸，可以按任意的分辨率打印，而不会遗漏细节或降低清晰度。

图形主要用于标识设计、工程制图和美术字等。常用的图形文件有“.3ds”(用于 3D 造型)、“.dxf”(用于 CAD)和“.wma”(用于桌面出版等)。但是对于复杂图形，矢量命令会变得复杂，创建的图形不自然。由于矢量图形依赖于简单的图形，所以很难表现物体的复杂属性。

图像是由描述图像中各个像素点的亮度与颜色的数位聚合组成的。它适合表现层次细致、色彩丰富、大量细节的图像(如照片)。图像与分辨率有关，用户将它们缩放或低于创建的分辨率打印时，将丢失其中细节，并出现锯齿状。因为当放大图像时，构成图像的像素个数并没有增加，只能是像素本身进行放大，所以可以看见构成整个图像的无数个方块，从而使得线条参差不齐。

处理图像的软件工具通常称为绘画程序，可以指定颜色画出每个像素点来生成一幅画。它所需空间比矢量图形大得多，屏幕上所显示的是每个像素点的信息。但显示一幅图像所需的 CPU 计算量要远小于显示一幅图形的 CPU 计算量，这是因为显示图像一般只需把图像写入到现实缓冲区中即可，而显示一幅图形则需要 CPU 计算组成每个图元(如点、线等)的像素点的位置与颜色，这需要很强的 CPU 计算能力。

2.1.2　图形的处理

图形处理研究的是如何通过计算机生成、处理和显示图形。其广泛应用于计算机辅助设计与制造、计算机技术、计算机模型、计算机模拟、虚拟现实等领域。

1. 图形的输入

图形的输入研究的是如何开发利用图形输入设备及软件将图形输入到计算机中，以便进行各种处理。

2. 图形的变换处理

图形的变换处理包括对图形进行变换(如几何变换、投影变换、建模与造型)和运算(如图形的并、交、差运算)处理。图形的变换包括两种变换，即图形的几何变换与参照坐标系变换。几何变换是指物体图形的几何属性(如位置、尺寸与形状等)产生变换而进行的变换。参照坐标系变换是指物体图形本身的集合属性不改变，而其所在的参照坐标系发生变化而进行的变换。参照坐标系变换可以说就是只观察物体图形的参照坐标系的变换，相对于观察者而言就是其观察物体图形的视角与未知的变换。

2.2　图像

图像处理是通过有关技术修改和解释现有图像。图像处理一般应用于两方面：一是改善现有图像质量，如照片或扫描图像的处理；二是视觉信息的机器识别系统。

2.2.1　图像的数字化技术指标

1. 图像的数字化

图像的数字化是指将一幅图像通过采样、量化和编码转变成计算机能够接受的数字图像。采样是将二维空间上模拟的连续亮度或色彩信息，用一系列有限的离散数值来表示，采样的结果是通常说的图像分辨率。采样频率是指一秒钟内采样的次数，它反映了采样点之间的间隔大小。采样频率越高，得到的图像越细腻，表现细节逼真，但数据量增大，需更大的存储空间。

2. 图像编码压缩

数字化后的图像数据量大，需采用编码技术来压缩信息，以便节省图像传输和处理的时间，减少存储容量。常见的压缩编码包括预测编码、变换编码、分形编码和小波变换等。

3. 图像变换

由于图像阵列很大，直接在空间域中进行处理，涉及的计算量很大。因此，往往采用各种图像变换方法，如傅里叶变换、离散余弦变换、离散小波变换等间接处理技术，将空间域的处理转换为变换域的处理，不仅可以减少计算量，而且可获得更有效的处理。图像变换还包括传统的几何变换，如图像的缩放、旋转、平移、投影等。

4. 图像恢复技术

图像恢复是采用某种滤波方法，如去除噪声、干扰、模糊等，恢复或重建原来的图像。

2.2.2　图像的基本概念

色彩的亮度、色调和饱和度是处理图像常用的参数。物体表面色彩的形成，取决于光源的照射、物体本身反射的色光，以及环境与空间对物体色彩的影响。自然界中的颜色可以分为非色彩(也称为中性色)和彩色两类。非色彩指黑、白色或各种深浅不一的灰色；彩色是只带有颜色的色彩，如红、橙、黄、绿、蓝、青、紫等。任何一种色彩均具有亮度、色调和饱和度 3 个属性，这 3 种属性又称为色彩的三要素。

1. 亮度

亮度是指发光体(反光体)表面发光(反光)强弱的物理量，是人对光的强度的感受，是一个主观的量。对于色调、饱和度固定的光而言，当其全部能量增强时，亮度增加。因此，亮度与光功率有关。

2. 色调

色调也称为色相，是颜色的基本面貌，即人们称呼某种颜色的名称，如红、绿、蓝等。色调与光播的波长有关，不同的波长反映不同的颜色感。色调是人们看到的一种或多种波长的光所产生的综合效果。它反映颜色的种类，是决定颜色的基本特性。

3. 饱和度

饱和度也称为纯度，是指颜色的深浅程度。对于同一色调的彩色光，饱和度越高则颜色越纯。凡是经过混合后所产生的颜色，它的色彩饱和度比未混合的颜色要低。例如，当蓝加白光之后，由于饱和度降低，蓝色被冲淡成为淡蓝色，纯度降低。饱和度的增减还会影响到颜色的亮度，在蓝色中增加白光成分后，增加了光能，因而变得更亮了。

2.2.3 图像的色彩模型

色彩模型是指已经建立好的用于描述和重现色彩的各种模型。各个应用领域一般使用不同的色彩模型，如计算机显示时采用的是 RGB 模型，打印输出彩色图像时采用的是 CMYK 模型，进行颜色模式转换时采用的是 Lab 模型，传输彩色电视信号时采用的是 YUV 模型。常用的彩色模型有 HSB、RGB、CMYK 以及 Lab 色彩模型。

1. HSB 模型

HSB 指的是色调、饱和度和亮度，正好就是色彩的 3 个基本属性。也就是说，HSB 模型使用色彩的三要素来描述颜色。由于 HSB 模型能直接体现色彩之间的关系，因此，采用 HSB 模式时，只要选择色调、亮度和饱和度，就可以配出所需要的颜色，所以该模式适合与色彩设计。绝大部分的设计软件都提供了这种色彩模型，包括 Windows 的系统调色板也是采用这种色彩模型。

2. RGB 模型

RGB 是指红、绿、蓝 3 种色光。RGB 模式中色彩的混合方式称为加色法，即色彩混合后亮度提高了，因为没有光是全黑，各色光加入后才产生色彩，同时越加越高，加到极限时成为白色。

在计算机中，显示器输入 RGB 各色彩分量，通过 3 个分量的不同强弱，在显示屏幕上合成所需要的任意颜色。例如，将 RGB 每种颜色由强至弱进行 8 位数据量化，根据排列组合的原理，RGB 的 3 种颜色均为最强时则产生白色。所以不管多媒体系统中采用什么形式的色彩模型表示，最后输出一定要转换成 RGB 色彩表示。

RGB 虽然表示直接，但是 R、G、B 数值和色彩的三属性没有直接的联系，不能揭示色彩之间的关系。所以在进行配色设计时，一般不采用 RGB 模型。

3. CMYK 模型

计算机屏幕显示彩色图像时采用的是 RGB 模型，而在打印时一般需要转换为 CMYK 模型。CMYK 分别是指青色、品红、黄色和黑色 4 种油墨色。每一种颜色都用百分比来表示，而不是 RGB 中的 256 级度。理想状态下，100%的青色油墨，加上 100%的品红油墨，再加上 100%的黄色油墨，可以得出黑色。但是这种理想状态是难以实现的，往往得出来的是深褐色而不是黑色，因为油墨都含有少量杂质，为了得到纯正的黑色，就加入了黑色油墨。

CMYK 模型和 RGB 模型不同，色彩的产生不是直接来自于光线的色彩，而是由照射在颜料上放射回来的光线所产生的。颜料会吸收一部分光线，而未被吸收的光线会反射回来，成为视觉判断颜色的依据，这种色彩的产生方式称为减色法。因为所有的颜料都加入后会成为纯黑，当颜料减少时才开始出现色彩，颜料全部去除后才成为白色。

四色印刷是依据 CMYK 模式发展而来的。五颜六色的彩色印刷品，其实在印刷的过程中只用了 4 种颜色。在印刷之前先通过计算机或电子分色机将一件艺术品分解成四色，并打印成胶片。通常，将一张真彩色图像的分色胶片分别以 C、M、Y 和 K 4 种颜色叠印在一起观察时，就产生了一张绚丽多姿的彩色照片。这种效果在 Photoshop 中可查看，例如，在 Photoshop 中打开一幅图像，将图像模式设置为 CMYK，在通道面板中可见 C、M、Y 和 K 4 张不同的效果。

4. Lab 模型

不同的设备，技术参数不同，所能表现的色彩区域也不同。因此，在某个设备上创建的色彩，在另一个设备上可能会呈现不同的颜色。例如，在显示器上看到的是一种颜色，但是打印机打印出来的颜色和显示器上看到的会有差异。

Lab 模型是在国际照明委员会 1931 年制定的颜色度量国际标准模型的基础上建立的。1976 年，该模型经重新修订并命名为 CIE Lab。这是一种与设备无关的色彩标准，无论使用何种设备创建或输入图像都能产生一致的颜色。当今很多专业的设计软件，都提供 Lab 色彩模型。

Lab 的色彩原理是建立在人对色彩感觉的基础上。Lab 色彩理论认为，在一个物体中，红色和绿色这两种原色不能同时并存，黄色和蓝色这两种原色也不能同时并存。

Lab 的色彩模型用 3 组数值表示色彩。

L：Lightness 亮度数值，为 0～100。

A：红色和绿色两种颜色之间的变化区域，数值为-120～+120。

B：蓝色到黄色两种颜色之间的变化区域，数值为-120～+120。

2.2.4　图像的分辨率

分辨率是影响图像质量的重要因素，分为屏幕分辨率、图像分辨率、显示器分辨率和像素分辨率。在处理位图图像时要理解这 4 者之间的区别。

1. 屏幕分辨率

屏幕分辨率是指某一种显示方式下，计算机屏幕上最大的显示区域，以水平和垂直的像素表示。

2. 图像分辨率

图像分辨率指数字化图像的大小，以水平和垂直的像素点表示，当图像分辨率大于屏幕分辨率的时候，屏幕上只能显示图像的一部分，此时要求相应的软件具有卷屏功能。

3. 显示器分辨率

显示器分辨率指显示器本身所能支持各种显示方式下最大的屏幕分辨率，通常它用像素之间的距离来表示，即点距。点距越小，同样的屏幕尺寸可显示的像素点就越多，自然分辨率就越高。

4. 像素分辨率

像素分辨率指一个像素的宽和长的比例，在像素分辨率不同的机器间传输图像时会产生意想不到的畸变。

2.2.5　图像常用的处理技术

图像处理的主要对象是数字图像，图像处理技术也能够用一系列方法获取、校正、增强、变换以及压缩可视图像的技术。其目的是提高信息的相对质量，以便获取信息。

1. 图像的增强

图像增强处理技术是图像处理领域一类非常重要的基本处理技术。图像增强是将图像中感兴趣的特征有选择的突出，调整图像的对比度，突出图像的对比度，突出图像中的重要细节，而衰减不需要的特征，其目的主要是提高图像的视觉效果。通常采用图像直方图修高技术进行图像增强。

图像直方图描述了一幅图像的灰度级内容，任何一幅图像的直方图都包含了丰富的信息。从数学上来讲，图像直方图使图像各灰度值统计特性与图像灰度值的函数，它统计一幅图像中各个灰度级出现的次数或概率。如果获得一幅图像的直方图效果不理想，可以通过直方图均衡化处理技术作适当修改，即把一幅已知灰度率分布图像中的像素灰度做某种映射变换，使它变成一副具有均匀灰度概率分布的新图像，实现使图像清晰的目的。

通过图像的增强处理可以将原本模糊不清甚至根本无法辨别的原始图片，处理成清楚明晰的、富含大量有用信息的可使用图像。因此，图像处理技术在医学、遥感、微生物、刑侦以及军事等领域得到广泛应用。

2. 图像的恢复

在成像过程中，由于成像系统本身或噪声等多种因素的影响，使图像变得模糊的现象叫做图像退化。分析和了解图像退化现象及其原因，建立退化过程的数学模型进行校正处理、滤去退化痕迹、恢复图像的本来面目。

3. 图像的平滑

图像平滑主要是为了消除噪声。噪声不限于人眼所能看得见的失真和变形，有些噪声只有在进行图像处理时才可以发现。实际获得的图像在形成、传输、接收和处理的过程中，不可避免地存在着外部干扰和内部干扰，如光电转换过程中敏感元件灵敏度的不均匀性、数字化过程的量化噪声、传输过程中的误差以及人为因素等，均会使图像变质。图像中的噪声往往和信号交织在一起，如果平滑不当，就会使图像本身的细节，如边界轮廓、线条变得模糊不清，因此，既要平滑掉噪声，又要尽量保持图像细节，是图像平滑的主要目的。

4. 图像的锐化

图像平滑往往使图像的边界、轮廓变得模糊，为了减少这些不利效果的影响，就需要利用图像锐化技术。

图像边缘锐化处理主要是加强图像中的轮廓边缘和细节，形成完整的物体边界，将物体从图像中分离出来或将表示同一物体表面的区域检测出来。经过平滑的图像变得模糊的根本原因是因为图像受到了平均或积分运算，因此对其进行逆运算就可以使图像变得清晰。

5. 图像的分割

图像的分割是将图像分割成若干部分，每一部分对应于某一物体表面，在进行分割时，每一部分的灰度或纹理符合某一种均匀测度度量，其本质是将像素进行分类。分类的依据是像素的灰度值、颜色、频谱特性、空间特性或纹理特性等。图像分割是图像处理技术的基本方法之一。

6. 图像的校正

数字图像信息的获取来自于 CCD 图像传感器，但是，CCD 的输入、输出特性不是线性的，如果不进行校正处理，将无法得到质量较好的图像效果。图像校正是为改善图像质量而提出的一种处理方法。以图像的伽玛校正功能为例，调整此功能可使画面中较暗的部分层次分明、细节清晰可辨，色彩还原自然，轮廓线平滑，而这些是调节亮度和对比度无法达到的效果。

2.3　图像文件格式

图像在存储媒介中的存储格式，称为文件格式。此格式因软硬件制造商的不同而不同，常见的文件格式有以下几种。

1. BMP 格式

BMP 是标准的 Windows 操作系统的图像格式的基本位图格式。该文件格式比较简单，所以为了图像处理的方便，用 BMP 文件格式存储的图像数据都不能压缩，因此图像文件较大。

2. GIF 格式

GIF 格式为图形交换格式，由 CompuServe 公司设计开发，便于在不同的平台上进行图像交流和传输。GIF 是使用 LZW 压缩方法的主要图形文件格式，因此，文件压缩比较高，文件较小。其主要有两个规范：GIF87 a 和 GIF89a。后者支持图形内的多画面循环显示，可用来制作小型动画，是网页中最流行的图像格式之一。

3. TIFF 格式

TIFF 格式为标记图像文件格式，它由 Aldus 和 Microsoft 合作开发，最初用于扫描仪和桌面出版业，是工业标准格式，支持所有的图像类型，同时被许多图形应用软件所支持。TIFF 文件格式分为压缩和非压缩两类，非压缩的 TIF 文件独立于软硬件，但压缩文件要复杂得多，图形文件压缩后，格式改为 TIFF 格式。

4. JPEG 格式

JPEG 格式采用的是有损压缩编码格式，因此，文件非常小，而且可以调整压缩比，是目前数码产品普遍采用的一种存储格式。

2.4　图像素材的获取

图像是多媒体信息的表达元素之一，图像素材的获取是多媒体素材准备中不可缺少的环节。获取图像素材常用的方法包括以下几种。

1. 直接从素材库获取或网站下载

图像可从素材库中直接获取，获取的主要途径为：一是利用图像光盘资源。目前市场上出售各种不同类别的图像素材光盘，如动物、花卉、底纹、按钮和背景等，使用时根据需要选择相关的素材，并进行相关处理即可。二是利用网络查找。网络是一个巨大的资源库，充分利用网络能查找到大量的图像素材。一般情况下，进入 www.colphoto.com 可以找到各行各业的专业图片。

2. 从显示屏幕捕获

获取屏幕图像的方法有很多种，常见方法是利用 PrintScreen 键、截图软件(如红蜻蜓抓图精灵)截取屏幕图像等。

(1) 利用 PrintScreen 键捕获图像

可以通过使用屏幕捕获程序从当前屏幕上捕获图像。如果图像所在的软件运行在 Windows 环境下，则只要按下 PrintScreen 键，全屏幕图像即被复制到剪切板上，如果只想将当前活动窗口捕获则需要按下 Alt+PrintScreen 组合键。下面介绍捕获当前活动窗口的步骤。

● 打开要捕捉的活动窗口。

- 按下 Alt+PrintScreen 组合键，则把活动窗口的内容复制到剪切板上。
- 打开 Windows 画图应用程序。
- 新建一个文件，将剪切板上的图像粘贴到画图文件中。
- 选择“文件 | 保存”命令，保存文件。

(2) 利用屏幕抓图软件——红蜻蜓抓图精灵捕获图像

红蜻蜓软件的快捷图标如图 2-1 所示。

红蜻蜓抓图精灵可以抓取不同类型的图像、文本，允许自定义抓图的热键，抓取的图片可以保存为 BMP、JPG 和 PNG 等多种常见格式，每种格式还提供多个选项并可设置默认选项以便下次调用，抓取的图片可以同时输出到打印机、剪贴板、文件、电子邮件、目录册、网络和预览窗口并支持自动为文件取名保存，因此它是一个很好用的抓图工具。快捷方式 Ctrl+Shift+C 键可以方便地截取电脑屏幕的区域。

图 2-1　抓图获取的桌面图标

3. 从 VCD/DVD 中截取画面

图像素材还可以从视频文件中截取，目前许多视频播放软件支持此功能。如应用超级解霸将所需图像从视频文件中截取。

4. 利用扫描仪获取

扫描仪在多媒体技术领域中的应用很广泛，可以完成桌面排版、制作照片档案和文字原稿。此外，在国际互联网上浏览的大量图片，一般也是用扫描仪输入的。扫描仪最大的特点就是可以像色彩打印机一样，在最大程度上保留原稿的风貌。这是键盘和鼠标办不到的。常见的扫描仪大致分为两种：一种是专门负责扫描图像，称为图像扫描仪；另一种是专用于扫描一些代表数字的光学码，成为光学识别器。利用图像扫描仪可将照片、图片等素材通过光电转换变成数字图像输入到计算机中，生成单色、灰色或彩色等多种格式的图像文件，并可利用多种图像处理软件进行修饰和编辑。若已有图片，扫描则是获取图像最简单的方法。

5. 利用数码相机拍摄

数码相机具有将依赖空间、时间的图像转化成数字图像，暂存到相机的存储卡中，再通过计算机的 USB 接口输入到计算机中。这种方法输入图片速度快，且图像的清晰度高、色彩逼真，因此，这也是获取图像的重要途径。

2.5　图像的编辑处理

图像的编辑处理需要硬件和软件的支持。影响图像处理的硬件有显卡、图像加速卡、CPU、显示器、硬盘等，其中关键硬件是显卡和图像加速卡。图像编辑软件有多种，如 Photoshop、CorelDRAW、Illustrator 和 Painter 等。

在众多的图像处理软件中，美国 Adobe 公司的 Photoshop 以其完美的图像处理功能和多种美术处理技巧，为许多的专业人士所青睐，对于图像处理、艺术创作、广告设计、建筑装潢、电子出版、动画及多媒体制作，Adobe Photoshop 都是首选的理想创作工具。Photoshop 功能强，灵活直观，所见即所得，是图形图像处理方面性能卓越的软件之一，下面以 Photoshop CS3 为例介绍 Photoshop 的使用。

2.5.1　Photoshop 的工作环境

在学习 Photoshop 的各种操作和功能面前，首先必须熟悉他的工作环境。

选择“开始 | 程序 | Adobe Photoshop 7.0”命令，进入 Photoshop 主界面。

整个界面主要由菜单栏、工具箱、控制面板、工具栏和状态栏等几部分组成。

1. 菜单栏

菜单栏共有 9 个主菜单命令：文件、编辑、图像、图层、选择、滤镜、视图、窗口和帮助。单击主菜单命令，弹出相应的子菜单。单击菜单之外的任何地方或按 Esc 键，都可以关闭已经打开的菜单。

2. 工具箱

Photoshop 的工具箱由 6 类工具组成。从上到下分别是：“进入 Adobe Online”图标、图像编辑工具栏、前景色和背景色切换工具、标准模式和快捷蒙版模式切换工具、显示方式切换工具和“跳至 ImageReady”图标。

单击“进入 Adobe Online”图标，可以访问 Adobe 站点；单击“跳至 ImageReady”图标，可跳转到 Adobe ImageReady 软件状态。利用图像编辑工具栏的工具，可以进行选择选区、移动图像、编辑图像、输入文字、注释和查看图像等操作。

工具箱的图像编辑主要功能如下。

(1) 矩形、椭圆、单行、单列选框工具

选择任意选框工具，拖动鼠标可以建立图形选区。

(2) 套索、多边形套索、磁性套索工具

分别创建无规则选区、创建棱角分明边缘呈直线选区和按照详尽的颜色边缘建立的选区。

(3) 裁切工具

对选择区域进行保留，选区以外的图像删除。

(4) 移动工具

对已经选择的区域进行移动。

(5) 魔棒工具

将色素颜色相近的邻近区域选出。关键参数为容差值，容差值可通过工具栏设定，容差值越大选择的范围区域越大，若选择的色值 R=200，容差为 20，则选区包括的红色从 180～220。

(6) 切片工具

切片工具用于网页制作，在目标图片上划分不同的单击区域，将这些单击区域连接到不同的 Web 页面上。

(7) 画笔、铅笔工具

画笔工具——类似于用毛笔绘画，颜色取前景色。

铅笔工具——画出棱角突出的前景色，比画笔工具颜色鲜明。

(8) 历史记录画笔、历史记录艺术画笔工具

历史记录画笔工具——设定操作源：将历史画笔放在历史控制面板的某个位置，该位置以上的图像就称为历史画笔工具的操作源。恢复图像：选择工具箱的历史画笔，选合适的笔刷涂抹整个图像，操作源以下位置的所有图像擦除。

历史记录艺术画笔工具——在工具选项栏，选择不同的样式，可以涂抹出不同的艺术效果。

(9) 渐变、油漆桶工具

渐变工具——在选区内形成不同方式的梯度效果，通过工具栏可以选择不同的渐变。渐变包括：线性渐变、径向渐变、角度渐变、对称渐变和菱形渐变。渐变编辑器可以选择预制的渐变效果，若渐变颜色不能满足设计的要求，则可设定新的渐变。

油漆桶工具——根据前景和背景的颜色，对选择区域进行填充。通过快捷键 Alt+Del 键和 Ctrl+Del 键，也可以分别完成前景色和背景色的填充。

(10) 减淡、加深、海绵工具

用于调整图像的细节部分色彩，使图像局部变淡、变深和色彩饱和度增加或降低。通过改变不同的模式，达到不同的效果。

(11) 修复画笔、修补工具

修复画笔工具——修复图像的缺陷，将修复结果自然融入周围的图像。按住 Alt 键单击，作为修复源图像取样，再单击目标位置，用源图像取代目标图像。

修补工具——若选择工具栏的“源”，修补区域作为源区域，移动该区域到其他位置，用其他位置图像代替源区域图像。

(12) 仿制图章、图案图章工具

仿制图章工具——选择仿制图章工具后，按住 Alt 键单击被复制的区域进行取样，释

放 Alt 键并将光标放置到复制图像的目标区域，按住鼠标左键拖动此工具，即可得到复制效果。

图案图章工具——可以对选定工具栏的图案进行复制。

(13) 橡皮擦、背景色橡皮擦、魔术橡皮擦工具

橡皮擦工具——利用橡皮擦工具，可以擦除图像像素，并将擦除的位置用背景色或透明色填充。

背景色橡皮擦工具——单击鼠标左键，擦除周围同色区域。

(14) 模糊、锐化、涂抹工具

模糊工具——将图像中不同的边界变得柔和。

锐化工具——将图像中不同色的边界变得清楚。

涂抹工具——类似于手指在油墨未干的图像上进行涂抹。关键参数为强度，参数越大涂抹得越深。

(15) 文字、文字蒙版工具

文字工具——输入文字后在图层调板中生成一个文字图层，并用文字命名新层。若生成大段文字可以将拖动鼠标创建一个文字框，按住 Ctrl 键可以改变文字框的位置。通过控制面板可以改变文字的字体和大小。

文字蒙版工具——使用文字蒙版工具可以使输入的文字变成浮动的文字选区，并可对该选区填充不同的颜色。

(16) 形状工具

使用形状工具可以画出矩形、椭圆等不同的形状，可对其进行颜色填充和变换选区等操作。

(17) 路径选择、直接选择工具

选择路径选择工具，单击路径上的任意一点，可选择整个路径并进行移动。

选择直接选择工具，单击路径上的任意一点，只对该点进行编辑。

(18) 创建和编辑路径工具

钢笔工具——选择钢笔工具，并单击工具栏的“路径”，即可完成简单的线条。调整锚点及控制方向，则可以绘制曲线。选择“钢笔工具”并单击工具栏的“形状图层”可创建不同形状的图形。

自由钢笔工具——选择自由钢笔工具，相当于铅笔绘画，必须按住鼠标拖动，松开鼠标后，路径会停止。

添加、删除锚点——添加和删除锚点可以对画好的路径形状进行编辑。添加锚点可以对该点进行变形和移动。

(19) 注释工具

可以对图像中的重要内容进行文字注释。

(20) 抓手工具

可以实现图像任意方向的移动。

(21) 吸管工具

利用吸管可以采样提取出任意位置的颜色。

(22) 缩放工具

默认状态时对图像进行放大，当按住 Alt 键，再单击缩放工具可对图像进行缩小。

3. 控制面板

控制面板也称为调板，它是非常重要的图像处理辅助工具，通过调整控制面板内的参数可以改变图像的效果。它可以方便地拆分、组合和移动。控制面板右上角有一个黑色箭头，单击该按钮可弹出该控制面板的菜单，利用菜单可以扩充控制面板的功能。

(1) 导航器控制面板

导航器控制面板主要用于显示缩放图像大小比率，迅速移动图像显示内容。其中，100%表示当前图像缩放比率，左边的两个小三角形表示没单击一次缩小 25%，右边的两个小三角形表示每单击一次放大 25%。

(2) 信息控制面板

信息控制面板主要用于显示鼠标所在的位置的坐标值和项所得色彩数值、选取或旋转时选取的大小和旋转的角度。

(3) 颜色控制面板

颜色控制面板用于更加快捷地选取颜色，显示 R、G、B 的色彩值，其范围都为 0～255，可以利用滑杆上的小三角改变颜色，也可以直接输入数值，还可以用滴管在颜色条上取色。

(4) 色样控制面板

色样控制面板以色块样式的方式，快捷地设置图像的前景色。单击某一个色板，即可改变图像的前景色。

(5) 图层控制面板

图层控制面板是进行图像处理的重要操作工具，Photoshop 处理图像的功能之所以强大，与图层有着密切的关系，图层为用户提供了更广泛的创作功能。利用层菜单来配合图层功能操作，能完成图层功能的一切操作。

(6) 历史记录控制面板

历史记录控制面板用来删除编辑操作，指定恢复到图像处理的某一部操作。

2.5.2　Photoshop 的重要概念

Photoshop 中有一些重要的概念，理解这些概念对于以后的学习能够起到事半功倍的效果。

1. 选区

在 Photoshop 中，选区用于确定操作的有效区域，从而使每一项操作都有的放矢。简单创建区域的操作方法为：在工具箱中先选取选框工具、套索工具或魔棒工具，然后单击鼠标左键在工作页面上拖动，可得到满意的选区效果。按 Ctrl+D 组合键可以取消选区。

2. 图层

图层是在同一图像中设置多个绘制层面，它是绘制图像的重要工具。利用图层可以把不同的图像内容分别放在不同的层面上进行单独的操作，而不同的图层叠放在一起形成一幅完整的图像。在默认状态下，图层中灰白相间的方格表示该区域没有像素，是透明的，如同若干张透明的纸叠放在一起，当某个普通图层中的某部分图像被删除时，该部分就变成透明的，而背景图层中删除某部分，则显示背景颜色。

3. 通道

在 Photoshop 中，通道是一个非常重要的概念，它用于保存和处理颜色信息，为图像色彩选择区域的建立和使用提供了更加灵活的方法。Photoshop 包括 3 种类型的通道：颜色通道、Alpha 通道和专色通道。打开新图像时，系统会自动创建相应的颜色信息通道。所创建的颜色通道的数量取决于图像的颜色模式，而不是图层的数量，通道一般包括一个编辑图像的复合通道和若干个颜色通道。例如，所有的图像在 RGB 模式下有 4 个默认值：红色通道用于存储红色信息，绿色通道用于存储绿色信息，蓝色通道用于存储蓝色信息，而复合通道是一个虚拟道，任意删除一个颜色通道它就会消失。

2.5.3 Photoshop CS3 的基本操作

1. 建立文件

当启动 Photoshop 后，在 Photoshop 窗口中，除了可以看到菜单、工具箱和调板外，看不到任何图像窗口显示。这时，必须建立一个图像或者打开一个旧文件，才能进行图像编辑。执行“文件丨新建”命令，进入“新建”对话框，对新建文件进行设置。在对话框中可以输入新文件的名称、图像大小、分辨率、色彩模式以及背景色的颜色。

2. 保存文件

图像进行编辑和修改后，必须进行保存才能得到图像处理后的结果，要保存一幅从未保存过的图像，可以通过执行“文件丨存储”命令，打开“存储为”对话框。该对话框中与通常保存文件的操作一样，在相应的操作栏选定文件的保存路径、输入文件名，选择图像文件格式，然后确认保存。对话框中还有一个保存选项参数区域，涉及一些特殊保存方式的设置。

3. 文件浏览

文件浏览器可以创建、查看、分类和快速查找各种图像，它以缩略图的形式将所有的图像文件都显示出来，相当于自带了一个图片浏览器，它的相关文件查找功能在需要选择时可以节省很多时间。

在主菜单下执行“文件丨浏览”命令，就会弹出文件浏览器，文件浏览器由 4 个主窗口和信息栏组成。

2.5.4 配置 Photoshop 的运行参数

在进行图像编辑时，用户往往根据自己的操作习惯对操作环境变量进行设置，以充分发挥其功能，提高运行效率。Photoshop 的环境变量设置命令都集中在“编辑 | 预置”命令的子菜单下，下面介绍几种常见的环境变量设置。

1. 显示与光标

Photoshop CS3 中的光标在不同的操作中呈现不同的显示方式，在主菜单中执行“编辑 | 预置 | 显示与光标”命令。

(1) 显示

用于设置图像色彩的特殊显示方式。

(2) 绘画光标

设置绘图工具的光标样式。

标准：用各种工具的形状作为绘画光标。

精确：光标为十字星的指针形状，利用该光标可以很精密地绘图和编辑。

画笔大小：光标为笔刷的大小显示，其光标的圆圈大小即为笔刷的粗细。

(3) 其他光标

用于设置除了绘图工具以外的工具光标样式，可选择标准与精确。

2. 透明度与色域

当对透明层进行编辑时，设置透明区域的显示，以区分透明区域和非透明区域，使用户可以更加方便地编辑图像，执行“编辑 | 预置 | 透明度与色域”命令。

(1) 透明区域设置

网格大小：设置透明区域网格的大小，有小、中、大，默认设置为中。

网格颜色：用于设置网格的颜色，以便把透明区域与非透明区域分得更清楚。

(2) 色域警告

当选择颜色出现色域警告时，在前景色和背景色颜色框中会出现警示三角。该选项组可以设定色域警告的颜色和不透明度。

3. 设定标尺

标尺的设定是为了更加准确地显示光标的位置，使选择更加准确。执行“视图 | 标尺”命令，则在图像中显示标尺。再移动鼠标，标尺会自动显示光标的坐标位，默认情况下，标尺的原点在窗口的左上角。

执行“编辑 | 预置 | 单位与标尺”命令，可对标尺的单位、用于裁切图像的列尺寸、新文档预设分辨率的不同标准进行设置。

第 3 章　数字视频技术

【学习目标】

(1) 熟悉视频的几种格式。

(2) 有能力获取数字视频资源。

(3) 能够熟练地对视频作编辑处理并生成需要的格式。

数字视频是数字化学习资源重要的组成部分。教师经常会采用视频创设教学情境，展示用口头语言不能表述清楚的内容；学生通过视频会有身临其境的感觉，增强学习的热情和欲望，或感受或模仿或拓宽视野，以及在观察中发现问题，从而激发他们解决问题的创新意识，构建新的坚实的知识与技能体系。

3.1　数字视频的概念

数字视频是将传统模拟视频(包括电视及电影)片段捕获转换成计算机能处理的数字信号，或者是数码摄像机直接记录的数字视频信息，或者由软件生成的可以进行复制、删除等操作的视频文件。较常见的 DVD 就是一种经压缩的数字视频。在网上看到的电视剧、电影等都是数字视频。

数字视频的出现从本质上改变了视频的记录方式和处理过程，为视频的处理带来了革命性的变化。数字视频的引入也为电影、电视制作开辟了一片新天地。

数字视频及编辑从表面上看，只不过是将标准的模拟视频信号转换成计算机能够识别的位和字节，其实这个过程并不简单。但是，一旦视频是以数字形式存在的，那么它就具备了许多不同于模拟视频的特点。

1. 数字视频是由一系列二进制位数字组成的编码信号，它比模拟信号更精确，而且不容易受到干扰。

2. 视频信号数字化后，对数字视频的加工处理只涉及反映数字视频数据在计算机硬盘中的排列，即访问地址表。播放、剪辑数字视频只是控制着计算机硬盘的磁头读数是 1 还是 0，与信号本身并不接触，不涉及实际的信号本身。这就意味着不管对数字信号做多少次处理和控制，画面质量几乎是不会下降的，可以多次复制而不失真。

3. 可以运用多种的编辑工具(如编辑软件)对数字视频进行编辑加工，对数字视频的处理方式也是多种多样，可以制作许多特技效果。将视频融入计算机化的制作环境，改变了以往视频处理的方式，也便于视频处理的个性化、家庭化。

4. 数字信号可以被压缩，使更多的信息能够在带宽一定的频道内传输，大大增加了节目资源。并且还可以突破单向式的数字信号传输，实现交互式的信号传输。随着数字视频应用范围不断发展，它的优势也越来越明显。

3.2　数字视频的属性

如同图像一样，人们用属性来描述一段数字视频，常见的属性有视频分辨率、图像深度、帧率、压缩质量。

1. 视频分辨率。视频分辨率是指视频信号本身的分辨率，只与视频信号的带宽有关。比如 50Hz 的黑白视频信号行正程中显示图像的时间是 52μs，视频信号的带宽最大约 6MHz。极限情况下，一个正弦波的波峰显示一个白点，波谷显示一个黑点，这样最多的点数可以表示为 52μs×6MHz×2＝624 点。视频分辨率与像素分辨率不同。比如在视频信号的一个行上，若采样 600 个像素，则像素分辨率为 600，若采样 2000 个像素，则像素分辨率为 2000。如果有一个带宽 6MHz 的视频信号，用低通滤波器对它进行滤波，带宽下降为 3MHz，那么它的视频分辨率就下降了。视频信号每经过一台硬件设备，比如视频矩阵、字符叠加器、放大器、隔离器、调制器、解调器等，带宽通常都要下降，所以视频分辨率也要下降。

2. 图像深度。与静态图像一样，视频的图像深度决定其可以显示的颜色数。某些编码(压缩算法)使用固定的图像深度，在这种情况下该参数不可调整。选择较小的图像深度可以减小文件的容量，但同时也降低了图像的质量。

3. 帧率。帧率是指每秒的帧数(f/s)，用来表示视频文件每秒钟能够显示的帧数。高的帧率可以得到更流畅、更逼真的画面。我国采用的是 PAL 制电视制式，传输帧率 25 帧/秒，通常 Flash 播放的图像为 15 帧/秒。

4. 压缩质量。选择了一种压缩算法后还可以调整压缩质量，这个参数常用百分比来表示，100%表示最佳效果压缩。同一种压缩算法下，压缩质量越低，文件容量越小，丢失信息也越多。

3.3　数字视频的文件格式

目前，视频文件格式可以分为适合本地播放的本地影像视频和适合在网络中播放的网络流媒体影像视频两大类。尽管后者在播放的稳定性和播放画面质量上可能没有前者优秀，但网络流媒体影像视频的广泛传播性使之正在被广泛应用于视频点播、网络演示、远程教育、网络视频广告等互联网信息服务领域。

1. 本地影像视频

(1) AVI(Audio Video Interleaved，音频视频交错格式)格式于 1992 年被 Microsoft 公司推出，同 Windows 3.1 一起被人们所认识和熟知。所谓“音频视频交错”，就是可以将视频和音频交织在一起进行同步播放。这种视频格式的优点是图像质量好，可以跨多个平台使用；其缺点是所占硬盘空间过大。一般情况下，每小时的 PAL DV AVI 视频文件要占用 12.6G 左右的硬盘空间。

(2) DV-AVI 格式。DV 的英文全称是 Digital Video Format，是由索尼、松下、JVC 等多家厂商联合提出的一种家用数字视频格式。目前非常流行的数码摄像机就是使用这种格式记录视频数据的。它可以通过计算机的 IEEE 1394 端口传输视频数据到计算机中，也可以将计算机中编辑好的视频数据回录到数码摄像机中。这种视频格式的文件扩展名一般是.avi，所以也叫做 DV-AVI 格式。

(3) MPEG(Moving Picture Expert Group，运动图像专家组)格式是家庭广泛使用的 VCD、SVCD、DVD 采用的格式。MPEG 文件格式是运动图像压缩算法的国际标准，它采用了有损压缩方法减少运动图像中的冗余信息，从而达到压缩的目的(其最大压缩比可达到 200∶1)。目前，MPEG 视频格式常见的压缩标准是 MPEG-1、MPEG-2 和 MPEG-4。

- MPEG-1：制定于 1992 年，它是针对 1.5Mbps 以下数据传输率的数字存储媒体运动图像及其伴音编码而设计的国际标准。也就是通常所见到的 VCD 制作格式。这种视频格式的文件扩展名包括.mpg、.mlv、.mpe、.mpeg 及 VCD 光盘中的.dat 文件等。在 PowerPoint 中可识别导入的视频一般处理成这种格式。
- MPEG-2：制定于 1994 年，设计目标为高级工业标准的图像质量及更高的传输率。这种格式主要应用在 DVD 的制作(压缩)方面，或者是用于视频资料的存储，同时在一些 HDTV(高清晰电视广播)和一些高要求视频编辑、处理上也有相当的应用。这种视频格式的文件扩展名包括.mpeg、.m2v 及 DVD 光盘上的.vob 文件等。
- MPEG-4：制定于 1998 年，MPEG-4 是为了播放流式媒体的高质量视频而专门设计的，它可利用很窄的带宽，通过帧重建技术，压缩和传输数据，以求使用最少的数据获得最佳的图像质量。现在有些手机记录视频就是采用这种格式。

(4) MOV 格式是由美国 Apple 公司开发的一种视频格式，默认的播放器是苹果的 QuickTime Player。具有较高的压缩比率和较完美的视频清晰度等特点，但是其最大的特点还是跨平台性，即不仅能支持 MacOS，也能支持 Windows 系列。

2. 网络影像视频

(1) ASF(Advanced Streaming Format)格式是微软为了和 Real Player 竞争而推出的一种视频格式。用户可以直接使用 Windows 自带的 Windows Media Player 对其进行播放。由于它使用了 MPEG-4 的压缩算法，所以压缩率和图像的质量都很不错。

(2) WMV(Windows Media Video)格式也是微软推出的一种采用独立编码方式并且可以

直接在网上实时观看视频节目的文件压缩格式。WMV 格式的主要优点包括本地或网络回放、可扩充的媒体类型、部件下载、可伸缩的媒体类型、流的优先级化、多语言支持、环境独立性、丰富的流间关系及扩展性等。

(3) RM 格式是 Real Networks 公司所制定的音频视频压缩规范，称为 Real Media。用户可以使用 Real Player 或 RealOne Player 对符合 Real Media 技术规范的网络音频/视频资源进行实况转播，并且 Real Media 可以根据不同的网络传输速率制定出不同的压缩比率，从而实现在低速率的网络上进行影像数据实时传送和播放。这种格式的另一个特点是用户使用 Real Player 播放器可以在不下载音频/视频内容的条件下实现在线播放。另外，RM 作为目前主流网络视频格式，可以通过其 Real Server 服务器将其他格式的视频转换成 RM 视频，并由 Real Server 服务器负责对外发布和播放。

(4) RMVB 格式是一种由 RM 视频格式升级延伸出的新视频格式。RMVB 视频格式打破了原先 RM 格式那种平均压缩采样的方式，在保证平均压缩比的基础上合理利用比特率资源，就是说静止和动作场面少的画面场景采用较低的编码速率，这样可以留出更多的带宽空间，而这些带宽会在出现快速运动的画面场景时被利用。这样在保证了静止画面质量的前提下，大幅度地提高了运动图像的画面质量，从而图像质量和文件大小之间就达到了微妙的平衡。

3.4　数字视频的获取

3.4.1　数字视频获取方式

数字视频的获取渠道有很多种，其主要获取途径是从现成的数字视频库中截取。如果没有现成的视频，则需要利用计算机软件制作视频、用数字摄像机直接摄录并用编辑软件使视频数字化。

首先，数字视频资源可以从已有的视频文件中截取，比如拷贝存储在硬盘中的视频文件或者是媒体资源管理系统中的视频，也可以从相关网站上下载。例如，通常看到的历史纪录片，一些历史事件片段都是从原来的视频库中截取得到的，或者是在网站上下载，比如优酷网、土豆网、乐视 TV 等。许多的教育网站也都陆续上传视频资源，包括视频教程，供学生学习和观赏。

其次，可以利用计算机软件制作视频。比较常见的就是利用 Flash 软件制作二维动画和利用 3ds Max 制作三维动画，特别是三维动画的应用越来越广泛，如网页、建筑效果图、建筑浏览、影视片头、MTV、电视栏目、电影、科研、计算机游戏等。在电影《蜘蛛侠》、《泰坦尼克号》、《终结者》、《魔界》中就可以看到三维动画的身影。

第三，通过数字摄像机直接记录成数字文件，然后存储到硬盘或者光盘之中。这也是一种很主要的数字视频资源的获取方式。

最后，可以通过电脑安装的视频采集卡设备获取数字视频。

3.4.2　数字视频获取设备及其特性

如果想要得到一段数字视频，要借助一定的设备才行，通常分为两种情况：一种是利用传统设备得到模拟视频，然后再数字化；另一种是利用数码摄像机等设备直接得到一段数字视频，如图 3-1 所示为 DSR-150P 型数码摄像机外观。

图 3-1　DSR-150P 型数码摄像机外观

1. 摄像机工作原理

不论是什么样的摄像机，其工作的基本原理都是一样的，即把光学图像信号转变为电信号。在拍摄一个物体时，此物体上反射的光被摄像机镜头收集。摄像机镜头如图 3-2 所示，是一种由透镜组构成的成像系统。调整该透镜组的位置，即可实现变焦或聚焦。如图 3-3 所示就是镜头的聚焦环和变焦环。被摄物体的影像聚焦在摄像器件的受光面(如摄像机的靶面 CCD)上，再通过摄像器件把光能转变为电能，即得到了“视频信号”，但信号很微弱，需通过预放电路进行放大，再经过各种电路进行处理和调整，最后得到的标准信号可以送到录像机存储卡等记录媒介上记录下来，或通过传播系统传播或送到监视器上显示。

图 3-2　摄像机镜头

图 3-3　镜头的聚焦环和变焦环

摄像机主要由镜头系统、机身、寻像器和附件几个部分组成。

(1) 镜头与普通照相机的镜头起着同样的作用，用来收集从物体反射来的光，使其聚焦并投射到摄像器件的受光面上。镜头上通常设有聚焦环和变焦环，处理被摄景物的景别和清晰度，是电视画面造型的最主要部件。

(2) 机身是摄像机的主体部分，可将镜头形成的光学图像转变为适用的电视信号。

(3) 摄像机工作时，连续显示摄像机拍摄的各种图像的微型黑白监视器被称为“寻像器”。它为摄像人员取景构图、调准焦点、调试机器以及显示器的工作状态和监看来自录像机或特技台的视频运送信号，提供了一个方便的而且是不可缺少的观察场所。当然，现在的数码摄像机大都配有彩色液晶显示屏(如图 3-4 所示)，观看图像更加方便。

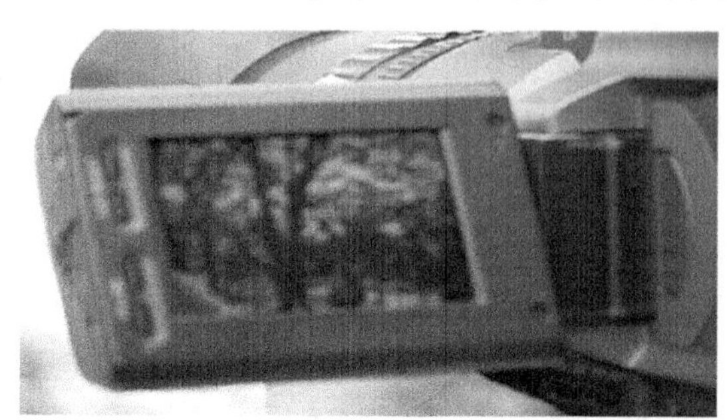

图 3-4　数码摄像机的液晶显示屏

(4) 摄像机的附件一般包括电池、充电电源、装摄像机用的小包，方便外出携带，UV 镜(装在摄像机镜头前面)可保护镜头不进灰尘，也就是保护镜。以上几种基本附件都是必需的，另外还有三角架、摄像灯等几种附件。

2. 摄像机的分类

今天，摄像机已经进入了一个新的时期，即高清时代。所以，摄像机可以分为高清摄像机(HD)和标清摄像机(SD)。根据制作节目图像质量的要求又将摄像机分为 3 个档次：广播级、业务级和家用级。

广播级摄像机被用于电视台和节目制作中心。目前，电视台用的广播级摄像机都在 20 万元以上，而低端摄像机在几千元到几万元不等，具有结构简单、体积小、重量轻、操作简单易学及较便宜等特点。DV 机就是小型的数码摄像机，目前使用较为普遍。数码摄像机摄取的图像信号经 CCD 转化为电信号后，经电路进行数字化，最后直接将处理完的数码信号记录到磁带上或硬盘或光盘上。

由于采用了数字电路，因此数码摄像机具有以下的特点：图像质量佳、记录密度高、可靠性高、低成本、具有完美的录音音质。由于电子技术的不断发展，数码摄像机也面临着一次次的蜕变和发展，尤其是存储介质的变化，表现得尤为明显。从当初最为传统的 DV 带一统天下，到如今的 DVD 光盘、硬盘、闪存等群雄争霸。除了传统的 DV 带式摄像机外，另外 3 种都可以算是全新制式的摄像机。近两年表现尤为突出的是 DVD 光盘式摄像机，它凭借着良好的便携性、简便操控和后期制作及逐渐走低的价格，正在逐渐扩大自己的市场份额。

如果数码摄像机采用的是 DV 带的存储格式，那么将 DV 带上的数据传送到计算机上来要用到一个工具：带 1394 接口的采集卡。IEEE 1394 是一种外部串行总线标准，具有 400Mbps 的高速。严格地讲，1394 口是通用接口，其功能是把 DV 格式的数据从摄像带上传输到硬盘里，该过程不进行视频压缩。用一根 1394 线一边连接摄像机，另一边连接计算机上的 1394 口，通过视频采集卡就可以将 DV 带上的数据复制到计算机硬盘上。而 DVD 数码摄像机由于其使用的存储媒介是 DVD 刻录盘，所以与普通磁带摄像机相比，在简便易用性上取得了突破性的进步：DVD 数码摄像机可以随机地进行回放，免去了倒带、快进等繁琐程序，省却了上传到计算机后再制作成光盘的步骤，拍摄后可直接在 DVD 播放机或 PC 机上播放，不必另外购置刻录机和压缩卡。

3.4.3　视频编辑中的基本概念

以数字视频为基础的非线性编辑技术的出现，改变了以往电影剪辑的线性模式，用简单的鼠标和键盘操作代替了剪刀加糨糊式的手工操作，剪辑结果可以马上回放，所以大大提高了效率，而且编辑软件可以提供很多特技功能包括三维效果，所以使制作的视频更加具有好的收视效果。

无论是线性编辑还是非线性编辑，在进行视频编辑的过程中，常常会涉及一些最基本的概念，如镜头、镜头组接和转场过渡等。

1. 镜头

镜头就是从不同的角度、以不同的焦距、用不同的时间获取的一段画面，它是一部影片的最小单位。镜头从不同的角度拍摄来分，有正拍、仰拍、俯拍、侧拍、逆光、顺光等；以不同拍摄焦距分，有远景、全景、中景、近景、特写、大特写等；按拍摄时所用的时间不同分，有长镜头和短镜头。

2. 镜头组接

谈到镜头的组接，一定会涉及一个专业术语——蒙太奇。蒙太奇是法语 Montage 的译音，原是法语建筑学上的一个术语，意为构成和装配。后被借用过来，引申用在电影上就是剪辑和组合，表示镜头的组接。所谓镜头组接，即把一段片子的每一个镜头按照一定的顺序和手法连接起来，成为一个具有条理性和逻辑性的整体。它的目的是通过组接建立作品的整体结构，更好地表达主题，增强作品的艺术感染力，使其成为一个呈现现实、交流思想、表达感情的整体。它需要解决的问题是转换镜头，并使之连贯流畅而创造新的时空和逻辑关系。

镜头的组接除了采用光学原理的手段以外，还可以通过衔接规律，使镜头之间直接切换，使情节更加自然顺畅。

3. 转场过渡

影视作品最小的单位是镜头，若干镜头连接在一起形成镜头组。一组镜头经有机组合构成一个逻辑连贯、富于节奏、含义相对完整的电影片段，称为蒙太奇句子。它是导演组织影片素材、揭示思想、创造形象的最基本单位。一般意义上所说的段落转换即转场，有两层含义：一是蒙太奇句子间的转换；二是意义段落的转换，即叙事段落的转换。段落转换是内容发展到一定程度的要求。在影像中段落的划分和转换，是为了使表现内容的条理性更强，层次的发展更清晰。为了使观众的视觉具有连续性，需要利用造型因素和转场手法，使人在视觉上感到段落与段落间的过渡自然顺畅。转场效果是电影、电视编辑中最常用到的方法，最常见的就是“硬切”，即从一个剪辑到另一个剪辑的直接变化。而有些时候，正如常在电视节日中看到的，有各种各样的转场过渡效果。为此，很多视频编辑软件都提供了风格各异的转场效果，并且每一种效果都有相应的参数设置，使用起来非常方便。

常用的转场方式有以下几种形式：

(1) 淡出与淡入。淡出是指上一段落最后一个镜头的画面逐渐隐去而不直至黑场；淡入是指下一段落第一个镜头的画面逐渐显现直至正常的亮度。淡出与淡入画面的长度，一般各为 2 秒，但实际编辑时，应根据电视片的情节、情绪、节奏的要求来设置。有些影片中淡出与淡入之间还有一段黑场，给人一种间歇感，适用于自然段落的转换。

(2) 划像。前一画面从某一方向退出荧屏称为划出；下一个画面从某一方向进入荧屏称为划入。划出与划入的形式多种多样，根据画面进出荧屏的方向不同，可分为横划、竖划、对角线划等。划像一般用于两个内容意义差别较大的段落转换。

(3) 叠化。叠化指前一个镜头的画面与后一个镜头的画面相叠加，前一个镜头的画面逐渐隐去，后一个镜头的画面逐渐显现的过程。

在电视编辑中，叠化主要有 4 种功能：①用于时间的转换，表示时间的流逝；②用于空间的转换，表示空间已发生变化；③用叠化表现梦境、想象、回忆等插叙、倒叙场合；④表现景物变幻莫测、琳琅满目、目不暇接。

(4) 翻页。翻页是指第一个画面像翻书一样翻过去，第二个画面随之显露出来。现在由于三维特技效果的发展，翻页已具有更为丰富的效果。

(5) 静帧。前一段落结尾画面的最后一帧作静帧处理，使人产生视觉的停顿，接着出现下一个画面，这比较适合于不同主题段落间的转换。

(6) 运用空镜头。运用空镜头转场的方式在影视作品中经常看到，特别是在一些早期的电影中，当某一位英雄人物壮烈牺牲之后，经常接转苍松翠柏、高山、大海等空镜头，主要是为了让观众在情绪发展到高潮之后能够回味作品的情节和意境。空镜头画面转场可以增加作品的艺术感染力。

除以上常见的转场方法外，技巧转场还有正负像互换、焦点虚实变化等其他方式。

3.4.4　数字视频编辑流程

数字视频编辑技术有很大的优越性，如信号质量损失小、处理灵活、利于特效应用等。因此，它在实际工作中的运用也越来越广泛。以电视新闻非线性编辑流程为例(如图 3-5 所示)，其流程一般为：首先是视音频的采集，形成视音频文件，然后进入到非线性编辑平台(NLE)下处理，制作生成需要的文件格式。其具体制作过程如下所示。

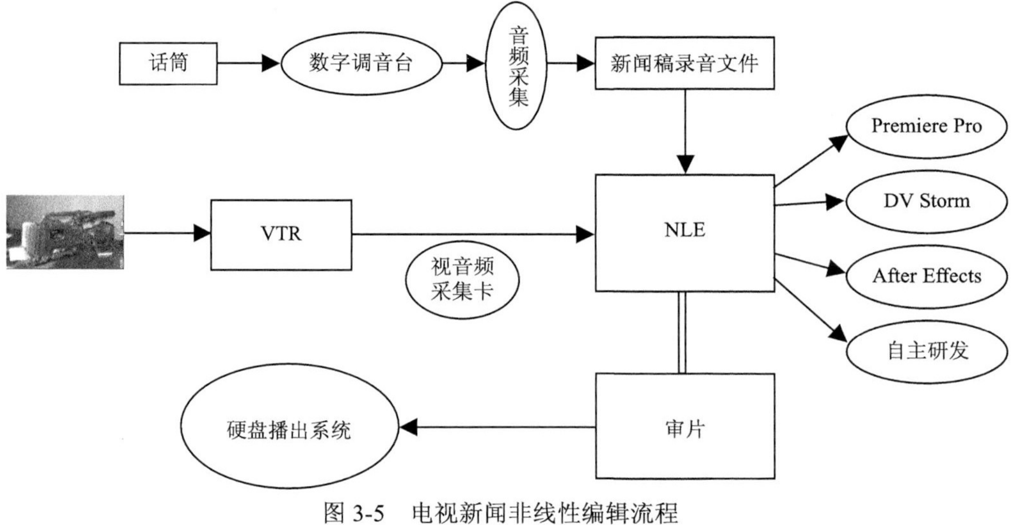

图 3-5　电视新闻非线性编辑流程

1. 准备素材文件

依据具体的视频剧本以及提供或准备好的素材文件可以更好地组织视频编辑的流程。素材文件包括：通过采集卡采集的数字视频 AVI 文件；由 Adobe Premiere 或其他视频编辑软件生成的 AVI、MOV、MPEG 等，动画文件有的需要借助视频格式转换器才能在相应的编辑软件中使用，比如格式工厂、狸窝视频转换器等；编辑软件还可以使用各种格式的静态图像，包括 BMP、JPG、PCX、TIF 等。电视节目中合成的综合节目就是通过对基本素材文件的操作编辑完成的。

2. 进行素材的剪切

各种视频的原始素材片段都称为一个素材。在视频编辑时，可以选取一个或多个素材并导人到时间线，剪辑的选择有切入点和切出点。切入点指在最终的视频序列中实际插入该段剪辑的首帧；切出点为末帧。也就是说，切入和切出点之间的所有帧均为需要编辑的素材，使素材中没有用途的画面被删除。

3. 添加画面过渡效果

添加各种过渡特技效果，使画面的排列及画面的效果更加符合人眼的观察规律，画面更加流畅、悦目。

4. 添加字幕

字幕在视频中有解释说明强调的作用，在做电视节目、新闻或者采访的片段中，必须添加字幕，以更明确地表示画面的内容，使人物说话的内容表达更加清晰。在学习的课件中，字幕的说明性作用更不可忽视。

5. 处理声音效果

编辑音频都是在时间线上的音频轨道上进行，通常在视频片段的下方，可以调节左右声道或者调节声音的音量高低、配背景音乐或解说。

6. 生成视频文件

编辑软件一般都配有节目输出功能，只不过不同的软件输出的文件格式有所不同。所以，在完成编辑后要根据需要选择输出格式。

3.4.5　数字视频常用编辑软件

数字视频编辑是以视频编辑软件为依托，所以了解几种主流的编辑软件是非常有必要的。当前市场上的数字视频编辑软件系统种类繁多，性能及特点也各有不同，并且个人的编辑习惯和风格也不同，只有对这些软件有一个全面的了解之后，才可以正确地选择自己喜欢的软件。

1. 常用软件及其功能

(1) Canopus Edius

Canopus Edius 提供的是有趣、快速、易用的视频编辑环境。首先，它拥有直观的界面，而且为视频爱好者提供了强大的编辑控制功能，包括支持超过 10 个字幕和 10 个音频轨道功能；16∶9、4∶3 编辑、波纹编辑及先进的素材剪切；拥有素材库故事板，它让用户能够简单地管理项目中所有不同类型的视频、音频甚至是数字静态图像素材。第二，它拥有能够记录画外音的功能，只需要一个与 PC 相连的话筒，就可以快速地为视频记录旁白。

记录画外音功能，可以回放项目，同时把音频直接录制到时间线上。第三，它拥有实时视频滤镜和特效功能。应用滤镜有助于改善电影片段的色彩和亮度，制更有创意和复杂的效果，如老电影和色度键。它提供超过 100 个不同的实时转场供选择，有适合多种类型项目的转场特效，有简单的基于 2D 的特效，如溶解和擦除，还有更多有创意的基于 3D 的转场，如翻页和飞出。每一个转场效果都有一个控制面板，可以用来自定义各种特性，包括方向、速度甚至是 3 维物体的实时照明和阴影。

(2) Adobe Premiere

Adobe 公司推出的基于非线性编辑设备的视/音频编辑软件 Premiere，已经在影视制作领域取得了巨大的成功。现在被广泛地应用于电视台、广告制作、电影剪辑等领域，成为 PC 和 MAC 平台上应用最为广泛的视频编辑软件。Premiere 不断完善新的功能，迄今可以编辑高标清的版本 Premiere CS4 完善地解决了 DV 数字化影像的编辑问题及网络流媒体的生成问题，为 Windows 平台和其他跨平台的 DV 和所有网页影像提供了全新的支持。同时，它可以与其他 Adobe 软件紧密集成，组成完整的视频设计解决方案。Premiere 软件为家庭视频编辑提供了创造性操作和可靠性的完美结合。它可自动处理冗长乏味的任务。用户可以轻松地将镜头直接转移到时间线编辑，利用菜单和场景索引即可快速编辑所拍摄的镜头、添加有趣的效果，并创建自定义 DVD。它唯一的缺点就是对系统配置要求较高，特别是对 MOV、MPG 格式的文件，或者文件比较大时，所以要运行这种影响编辑，你要选择配置较高的电脑。这款软件可以很好地实现对视频画面的剪辑、添加字幕、视频特效、视频过渡效果、音乐音响效果配音等，对于制作教学课件的视频资源非常适合。如图 3-6 所示就是 Premiere Pro CS4 的编辑界面，上方为素材播放窗口和节目播放窗口，下方为编辑的时间线，剪辑及各种效果的处理都是在时间线上完成的。

图 3-6　Premiere Pro CS4 的编辑界面

Premiere Pro CS4 可以进行编辑的格式有 Microsoft Pal DV AVI、MPEG-1、MPEG-2、WMV，不支持 MPEG-4、VOB、RMVB 等格式，可以输出 MPEG-1 的视频文件提供给 PowerPoint 使用，可以输出 MP4、H.264 等提供给网络视频使用，并且保持很好的清晰度。

(3) Ulead Video Studio 会声会影

Ulead Video Studio 会声会影是一套专为个人及家庭所设计的影片剪辑软件，支持多种视频编码。Video Studio 9 版本功能更为全面，操作更容易上手，提供了 3 种不同的编辑模式，以适应不同制作水平的初学者和制作高手，如图 3-7 所示就是 Video Studio 9.0 启动界面。 操作简单、功能强大的会声会影编辑模式，从捕获、剪接、转场、特效、覆叠、字幕、配乐到刻录，让用户全方位剪辑出好莱坞级的家庭电影。其成批转换功能与捕获格式完整支持，让剪辑影片更快、更有效率；画面特写镜头与对象创意覆叠，可随意制作出新奇的创意效果；配乐大师让影片配乐更精准、更立体；同时，酷炫的 128 组影片转场、37 组视频滤镜、76 种标题动画等丰富的效果，让影片精彩有趣。图 3-8 就是会声会影的编辑界面。

图 3-7　Video Studio 9.0 启动界面

图 3-8　会声会影的编辑界面

此外，国内有多家公司有自主的研发品牌，比如北京中科大洋公司、新奥特公司、深圳索贝公司等，这种基于板卡的编辑软件有更高的编辑效率。

2. 数字视频编辑的核心概念

在进行数字视频处理时，人们当然可以完全依赖专业数字视频设备来完成各种视频编辑操作，但这并不代表只能依靠这些专门设备。特别是在当前的大众娱乐氛围下，人们也可以依赖于普通的多媒体计算机和相应的软件技术来完成相应的技术处理，用计算机和软件来控制专业设备或二者协同工作，共同发挥更好的创作空间。在该类软件中，有下面一些通用的概念。

(1) 素材窗口。用来调用和存放视频和音频素材。

(2) 监视器窗口。用来监视正在编辑的节目，节目的浏览也通过此窗口进行。

(3) 时间线。时间线(Timeline)是视频剪辑的主要工作区域，用来放置各种素材。剪辑、特技、字幕、配乐配音以及节目输出都是在时间线上进行的，如图 3-9 所示为时间线的编辑界面。

图 3-9　时间线的编辑界面

(4) 采集视频。所谓采集视频即将视频设备输出的数字信号直接保存到计算机硬盘中。一般的软件中都对应有视频采集这个功能模块，负责将录像带的信号通过采集卡转换的方式存储到硬盘中，形成数字视频文件。

(5) 字幕。字幕不单指文字，也包括图形。字幕可以是静态的，也可以是运动的，如台标是静止在屏幕一角，片尾的演职员表等字幕也都是运动的。在编辑时，字幕占用视频轨道。

(6) 特殊效果。电影中经常有各种花样，比如图像变形、人在空中飞翔或者将空白教室中的人物挪到缤纷多彩的空间等，利用编辑软件的特效功能(有的可以借用第三方插件)，用户也可以很轻松地将这些特殊效果制作出来。视频处理中的滤镜概念跟图像处理中的概念是非常相似的。用户可以调整影片的亮度、色彩、对比度等。

3.4.6 数字视频编辑实例

下面制作一段视频新闻。

首先，阅读新闻稿，在编辑之前最好要有一个分镜头稿本作为编辑的依据。

然后，依次进行如下操作：

- 上载视频素材；
- 查看视频素材；
- 将新闻解说词的音频文件放至 Audio 1 轨道；
- 将需要的画面拖放至 Video 1 轨道，调整画面长度。

再然后，进行画面粗编，就是将视频片段和静态图像按照顺序拖放到视频轨道上组接起来，完成节目的初编工作。

下一步，添加各种过渡特技效果。一段视频结束，另一段视频紧接着开始，镜头之间有时需要添加特技，以使得画面在视觉上更具流畅感。

为了使节目更加完整，可以依据稿本在主体人物或场景处加上解释性字幕，在结束的地方加上片尾字幕。

编辑完成后，需要反复地观看，以进行评审，对有问题的地方进行修改，直到效果满意为止。满意后把项目文件保存好，并将影片打包输出，使其成为独立的文件。

扩展阅读一

精品课程的拍摄与制作技术

《教育部关于启动高等学校教学质量与教学改革工程精品课程建设工作的通知》(教高[2003]1号)中指出，为了切实推进教育创新，深化教学改革，促进现代信息技术在教学中的应用，共享优质教学资源，进一步促进教授上讲台，全面提高教育教学质量，造就数以千万计的专门人才和一大批拔尖创新人才，提升我国高等教育的综合实力和国际竞争力，在全国高等学校启动高等学校教学质量与教学改革工程精品课程建设工作，简称为精品课程建设。精品课程建设是高等学校教学质量与教学改革工程的重要组成部分，是指具有一流教师队伍、一流教学内容、一流教学方法、一流教材、一流教学管理等特点的示范性课程。2003 年教育部启动了精品课程建设以后，全国各高校投入了大量的人力、物力掀起了开展精品课程建设的新高潮。为真正体现精品课程的示范效应，激励教学改革，优化教学质量，教育部出台了国家精品课程评估体系，把教学大纲、教学内容、课堂录像等材料实行上网评审公示，以便建立优质的教学资源库，在全校、全省乃至全国范围内实现资源共享。教育部在精品课程的评审要求中明确规定，参加评审课程的主讲教师提供不少于 45 分钟的现场授课视频，用于评价主讲教师个人的实际教学方法和教学效果。授课视频是一堂课，从某种意义上讲，是一堂高水平的示范课。授课视频是精品课程申报的必备条件，是专家对课程进行评审的重要内容。授课视频的制作质量一方面取决于教师讲课的水平，另一方面取决于视频制作的技术。因此利用电视技术手段，将优秀课程的教学进行实况摄制并精心制作，是精品课程能够充分发挥导向性和示范性作用的有效保证。

1. 精品课程拍摄的前期准备

精品课程在投入拍摄之前，一定要有充分的准备，那样才能运筹帷幄，不至于顾此失彼。

(1) 场地的选择和布景

为了营造教学氛围，精品课程的摄制一般选择中小型多媒体教室。考虑到光线噪音等因素，通常选用层高且采光较好的教室；选择并使用具有高亮度、高分辨率的投影机，以使得拍摄的课件得到很好的视觉展示。观察讲台是否对教师有遮挡，应以能够发挥教师体态语言为宜。要充分利用自然光，再以人工布光对明暗度进行调节，当出现授课教师一半身体较亮一半身体较暗时要对暗的一半进行补光，尽量使光线效果自然且均匀一致；如果有条件的院校可以采用专门的演播教室，这样灯光布光就不是问题了。

(2) 拍摄对象的准备

精品课程教学录像片以教师和学生为拍摄对象，一部好的精品课程录像应该是摄制人员与授课教师、学生共同完成的，因此教学活动中师生与摄制人员的密切配合非常必要。摄制人员首先应了解授课教师的授课特点和本次课堂教学的设计与安排，并就录像过程所涉及的细节与教师进行沟通。譬如在拍摄《儿科学》精品课程时，在与授课教师的沟通过程中，笔者了解到“小儿黄疸的发生”是重点内容，授课教师在上课过程中会利用多媒体演示“小儿黄疸的发生”以帮助学生更好地学习它。拍摄者就能做到“心中有数”，在摄制过程中利用景别差异和后期编辑来突出这一重点。此外，摄制人员还要在细节上给予授课教师一定的建议和指导，帮助师生做好拍摄前的准备工作，包括：教师的衣着要整洁大方，根据录像的色彩还原特性，避免小格子和窄线条服装，淡色着装为宜；教师要仪容整洁，精神饱满，讲话清晰，板书清楚，鼓励女教师化淡妆；授课过程中，教师要面向学生，避免快速走动，身体不要进入投影光线区域，以免造成图像不稳定或摄出的人像成黑像；为避免课件内容上网后模糊不清，在设计时背景和教学内容要选择对比度大的颜色，如蓝底白字等；单个学生回答问题时，应先起立略有停顿后再回答，以保障摄像机捕捉学生镜头的时间到位，并且要声音洪亮，语速适中，吐字清晰。

(3) 拍摄器材的准备

为确保拍摄过程顺利流畅，拍摄前应做好所用设备和器材的检查及准备工作。首先要选择高质量的摄像机两台(演播教室可用 3 台)，以保障图像和声音的清晰。录音前调试话筒监听声音是否达到良好效果，谨防摄取的声音太小或过大。在拍摄中选用了 3 台 AJD400、1 个数字视频切换台、4 个小型监视器，以 i.link 1394 线相连，以确保切换后的视频质量。

声音的拾取方式是采用松下公司生产的一款无线麦克，接收端是一个与麦克配套的小的高质量音箱。录制前通过教师和学生试音，确保音频电平达到合适位置。

由于理论讲授型精品课程教学录像中教师的演示性操作较少，主要依靠投影仪呈现教学内容，拍摄难度小，这时我们对拍摄机位的选择可以这样，其中 1 号机拍摄授课教师的教学活动，以近景为主，2 号机拍摄投影屏幕的内容，以特写为主，3 号机主要拍摄学生的听课情况以及回答教师的提问。这样，3 台摄像机的机位确定下来，分工明确，各司其职。采用多机拍摄与现场编辑方式进行精品课程的录像，实质上是导播通过切换台对多路输入画面进行选择、切换，直接录制输出画面，这种方式普遍使用于课堂实录。采用这种方式的优点是拍摄与剪辑过程同时进行，拍摄完成即制作完成；缺点是现场编辑的环节在于录制画面的现场切换。如何根据教学大纲的要求，将一个个饱含课堂教学信息的镜头进行切换组合，用丰富的镜头语言真实地展示教学活动过程，就对切换导播的工作提出更高的要求：一方面，切换导播必须事先与授课教师和摄像师做好沟通工作，了解授课教师的教学设计以及教学习惯，清楚教学流程和一些特别安排，构思和确定镜头切换的整体方案；另一方面，要具有全面的业务素质和敏捷的反应能力，熟练操作切换台，能够遵循课堂教学规律与人们的认知心理特点，依据镜头组接原则，对画面的选择与组合、镜头的切换时机、机位的调度、特技的应用等方面做到适时、适度、准确与合理。而事实上具备这种素质的导播极其稀少，摄制和切换过程中出现问题时，要采取合适的方法进行弥补，可以在后期编辑时，用主机拍摄的全景画面代替出现问题的画面，这样可以很好地对问题画面进行弥补。

2. 精品课程的后期制作

对于精品课程后期编辑所选择设备的规格也是有要求的。目前大部分学校后期编辑未能配备昂贵的非线性编辑设备，均采用计算机加软件的非线性的编辑方法。我们的编辑平台主要采用中科大洋 7000 这种标清的设备，500G 硬盘、配备 DVD 刻录机，片头制作结合 Photoshop 图片处理软件、After Effects 后期特效软件、3ds Max 三维特效软件。

当我们发现录像画面的亮度对比度可能在某些片段不太理想，在编辑时要把这些片段找出来，用软件进行亮度对比度调节，可以在一定程度上得到改善。如果录像上的声音效果不太好，比如声音比较弱，或有些背景噪声，也可用软件的声音调节功能进行处理，提升音量和进行降噪，改善声音的品质。精品课程教学录像是某一课堂教学的全过程记录，它必须是真实的、客观的。因此后期制作过程一般不需要过多的剪辑和特技处理，更不能任意对某些教学环节进行增删。在不破坏教学活动完整性的前提下应主要剪掉一些教师授课过程中的口误、口头禅和小动作等，将教师形象完美地展现出来。

(1) 片头片尾字幕制作。要注重录像片头片尾字幕的制作。清晰、符合精品课程内容和形式的片头片尾会使片子增色不少。采用 After Effects 后期特效软件、3ds Max 三维特效等软件可以制作出来动态的立体效果的艺术字，从而达到非常精彩的效果。

(2) 视频转场。后期编辑中视频转场使用频繁，要把握好片头片尾处的制作，可以使效果更突出些，而教师讲课期间的转场过渡应遵照“简练、过渡自然、不漏痕迹”，以不影响整节课的连贯性、授课的科学性、严谨性为原则。

(3) PPT 课件与视频素材的混合编辑。通过 Snap 截图软件将 PPT 课件中的内容进行截图，然后将其在 Photoshop 中打开，将图片逐个修改至 720×576 大小、分辨率 72、格式为 PSD 格式的图形文件，然后拖放到非编软件的视频轨道上就可以进行编辑了。PSD 图形与授课的视频信号亮度、色彩的差异应该用转场效果将其淡化，不能产生生硬的感觉。

编辑成完整的教学录像片以后，首先要观看整个片子，看看是否达到了预期的效果。如果发现有不满意的地方则要进行修改，直至达到要求方可结束编辑工作进行生成。按照国家教委精品课程制作文件的要求，应使用 AVI、WMV、ASF 或 RM 格式，编码方式采用 MPEG-4 标准，使用流媒体服务器对外发布，建议视频格式采用至少总比特率为 300kbps、帧速为 30fps、大小为 320×240 的像素，这样在网上播放时会比较流畅。

3. 结论

总之，精品课程录像片制作是精品课程建设的重要内容，它的成败直接关系到学校精品课程建设的品质。它是一项重要的工作，也是一个较为专业和复杂的技术过程。录制者要对教师授课特点进行了解，针对教学设计的流程与主讲教师多交流，对主讲教师进行必要的上镜训练，交流上镜经验，避免出现镜前紧张、局促、授课语言不流畅、吐字不清晰、埋头念讲稿的状况。虽然精品课程教学录像一般以讲授型为主，但要竭力避免主讲教师成为“节目中的唯一情景人物、主线人物”的现象。在拍摄过程中，随时注意教师身体动作和眼神的变化，学生听课的细节和反馈，通过景别的变化，增加画面节奏感和表现力。从事精品课程拍摄的工作人员应该多观摩课堂，研究教学情境，在拍摄时，不仅仅是从影视艺术的角度去进行场面调度，还要根据教学情境去合理引导教师教学节奏。也就是说，摄制人员需要具备 4 方面的能力：第一，具备一定的影视艺术感，懂得布光和场面调度，摄像技术、镜头应用技术和剪辑技术熟练；第二，具备一定的教育教学素养，能够深入教学，研究教学，懂得教学；第三，需要对所录制课程的教学设计、教学内容、教学情况、教学过程、师生情况十分熟悉；第四，在实际制作时能根据课程的具体要求、使用目的和时间限制等方面的要求，选择合适的制作方式。只有做到精益求精，才能创作出高质量的精品课程录像，才能更好地保证所摄制的精品课程录像具有教学性、科学性、思想性和艺术性，更好地为更多的教师和学生提供示范、参考。

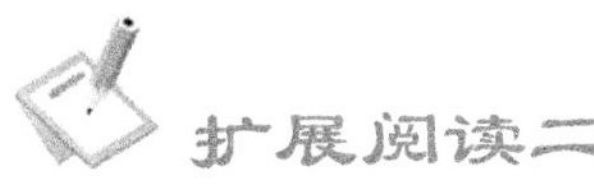

视频光盘的刻录技术

当今，计算机已经逐步渗透到人们的日常学习、工作和生活中，作为信息交流的主要工具，即大容量、高品质、寿命长的存储产品——光盘应运而生。随着刻录机、刻录盘片工艺水平的提高，使刻录光盘的应用领域得到了迅速发展。无论是日常数据备份、信息交流、视频制作、个人电子相册，还是企业形象宣传、多媒体教学等领域，光盘刻录的发展可以说是如日中天，而且越来越多的人开始喜欢将自己拍摄的视频刻录在 DVD 盘片上，将美好的记忆永久保存。但是，视频光盘的刻录方法不同于其他数据类型的刻录，只有把握了视频光盘的刻录原理，才能制作出满足不同需求的光盘。

1. 刻录机的工作原理

世界上第一台 DVD 刻录机 DVD-RAM(DVD-Random Access Memory)是一种可擦写 DVD 刻录机，这是由东芝、松下和日立三家联合推出的。该刻录机使用了相变技术并融入了一些 MO 的特性，由于采用了相变技术，DVD-RAM 刻录机是通过改变激光强度来对记录层进行加热，从而导致非晶体状态和晶体状态的转换，完成写入和擦除的操作。DVD-RAM 盘片的寿命相当长，具有读写方便的优点，但 DVD-RAM 不兼容 DVD 光驱和 DVD 播放机，未能成为 DVD 刻录机发展的方向。因此促使了与 DVD-ROM 相兼容刻录机的出现，这就是 DVD-R/RW 和 DVD+R/RW 。随着 DVD-R/RW 和 DVD+R/RW 的不断成熟，DVD-RAM 的市场份额被逐步压缩，濒临淘汰。目前，主流 DVD 刻录机是 DVD-R/RW 和 DVD+R/RW，它们与 CD-R/RW 一样是在预刻沟槽中进行刻录。不同的是，这个沟槽通过定制频率信号的调制而成为“抖动”形，被称做抖动沟槽。它的作用就是更加精确地控制马达转速，以帮助刻录机准确掌握刻录的时机，这与 CD-R/RW 刻录机的工作原理是不一样的。另外，虽然 DVD-R/RW 和 DVD+R/RW 的物理格式是一样的，但由于 DVD+R/ RW 刻录机使用高频抖动技术，所用的光线反射率也有很大差别，因此这两种刻录机并不兼容。如今有许多 DVD 刻录机生产的厂家，其中的知名品牌有先锋、索尼、三星、松下、飞利浦、LG 等。

2. DVD 刻录盘片结构

DVD 盘片都是由上下两片片基组成，每片片基上最多可以容纳两层数据，DVD 光头能够通过调整焦距来读取这两层数据。在制作过程中，把数据读取面向外，两片片基黏合在一起，就成了一盘完整的 DVD 盘片。

以下为按照光盘的尺寸、类型、容量划分的 DVD 光盘盘片的表格：表 3-1 为蓝色激光器光盘；表 3-2 为红色激光器光盘。

表 3-1　蓝色激光器光盘的技术参数

DVD 名称	光盘尺度	类型	容量
HD DVD-4	8cm	单面单层	4.5GB
HD DVD-9	8cm	单面双层	9.0GB
HD DVD-15	12cm	单面单层	15.0GB
HD DVD-30	12cm	单面双层	30.0GB

表 3-2　红色激光器光盘的技术参数

DVD 名称	光盘尺度	类型	容量
DVD-1	8cm	单面单层	1.46GB
DVD-2	8cm	单面双层	2.66GB
DVD-3	8cm	双面双层，两面都是数据面	2.92GB
DVD-4	8cm	双面双层，两面都是数据面	5.32GB
DVD-5	12cm	单面单层，一面是数据面	4.7GB
DVD-9	12cm	单面双层，一面是数据面	8.54GB
DVD-10	12cm	双层单面，两面都是数据面	9.4GB
DVD-14	12cm	双面双层，一面是数据面	13.24GB
DVD-18	12cm	双面双层，两面都是数据面	17.08GB

3. 视频光盘的制作

(1) 编辑视频文件的软件

视频光盘指的是记录视频文件信息的光盘，一般分为可播放的光盘(影碟机可以播放、电脑也可以自动播放)和只读光盘(仅限于电脑读取)。制作视频光盘之前，首先要编辑并生成相应的视频文件。目前，有许多用来编辑视频文件的软件，常见的有 Premiere、会声会影、DVStorm、Edius，还有许多国内自主研发的视频编辑软件平台，如中科大洋、新奥特、索贝等。会声会影这款软件相对简单些，上手快，里面也有许多特效可以供我们选择，对于普通的家庭用户来说会声会影是视频编辑的首选软件。对于一些专业的或者是想做出更好的特效的人来说 Premiere 是个不错的选择。

(2) 视频文件的格式及大小

① MPEG 格式：包括 MPEG-1，MPEG-2 和 MPEG-4 在内的多种视频格式。MPEG-1 目前正在被广泛地应用于 VCD 的制作和一些视频片段下载的网络应用上面，大部分的 VCD 都是用 MPEG-1 格式压缩的，使用 MPEG-1 的压缩算法，可以把一部 120 分钟长的电影压缩到 1.2GB 左右。MPEG-2 则是应用在 DVD 的制作，同时在一些 HDTV(高清晰电视广播)和一些高要求视频编辑、处理上面也有相当多的应用。使用 MPEG-2 的压缩算法，一部 120 分钟长的电影可以压缩到 5～8GB 的大小，MPEG-2 的图像质量相比 MPEG-1 要好很多。

② AVI 格式：即音频视频交错格式，是将语音和影像同步组合在一起的文件格式。它对视频文件采用了一种有损压缩方式，但压缩比很小，因此画面质量很高，所以应用范围非常广泛，尤其是 PAL DV AVI 几乎是所有编辑软件都支持的格式，是视频资料存储的最佳格式。AVI 支持 256 色和 RLE 压缩。AVI 信息主要应用在多媒体光盘上，用来保存电视、电影等各种影像信息，是目前应用最广泛的视频文件格式。

③ RM 格式：即 Real Networks 公司所制定的音频视频压缩规范，主要包含 Real Audio、Real Video 和 Real Flash 三部分。RM 格式的特点是文件小，但画质仍能保持相对良好，适合

用于在线播放。用户可以使用 Real Player 或 RealOne Player 对符合 Real Media 技术规范的网络音频/视频资源进行实况转播，并且 Real Media 可以根据不同的网络传输速率制定出不同的压缩比率，从而实现在低速率的网络上进行影像数据实时传送和播放。

④ WMV 格式：WMV 是微软推出的一种流媒体格式，它是在“同门”的 ASF 格式升级延伸来得。在同等视频质量下，WMV 格式的体积非常小，因此很适合在网上播放和传输。除了以上典型的视频文件格式以外还有 MOV、ASF 等视频文件格式。

以 Premiere 为例，将 10 分钟的视频文件以 4 种不同的格式压缩到硬盘上，实验数据为：AVI 格式的视频文件占用了硬盘 2GB 的内存；MPEG-2 格式的视频文件最小占用 300MB，最大占用 500MB；而 RM 和 WMV 格式的文件占用了硬盘 5～30MB 的空间。实验结果证明：对于不同格式的视频文件压缩到硬盘上的文件大小是不同的，所以，刻录视频光盘首先要确定视频文件的大小，毕竟，一张 CD 光盘最多能容纳 700MB 的数据，而一张 D5 光盘最多容纳 4.7GB 的数据。

(3) 视频光盘的类型选择及刻录方法

在视频光盘刻录之前，首先要选择光盘类型，按照所需内存的大小对光盘进行选择。目前较常用的 DVD 光盘类型为 D5 和 D9 光盘。以刻录软件 Nero 为例研究视频光盘的刻录方法，图 3-10 为 Nero Vision 打开界面。

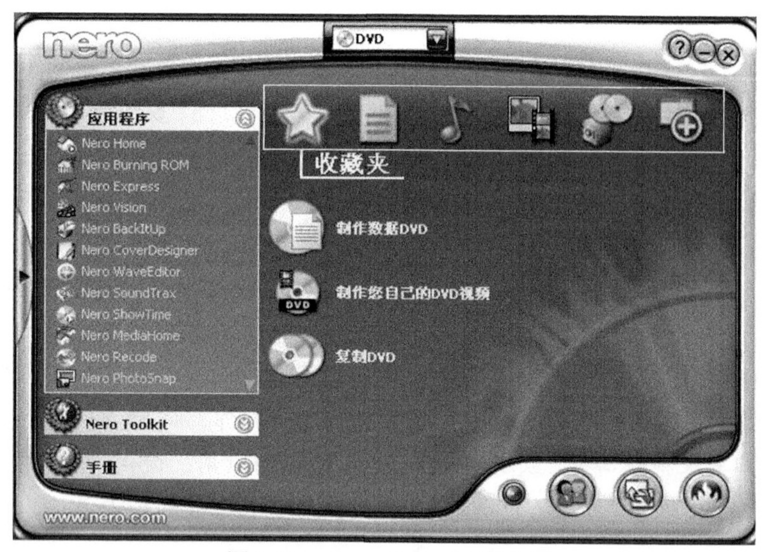

图 3-10 Nero Vision 打开界面

在制作 DVD 视频光盘之前，需要选择不同播放方式 DVD 光盘的制作类型。如果想制作只能在电脑上播放的 DVD 视频光盘，则选择第一项“制作数据 DVD”；如果想制作在 DVD 机上播放的 DVD 视频光盘，则选择第二项“制作您自己的 DVD 视频”；如果想复制 DVD 光盘，则选择第三项，但提醒大家不要复制带有知识产权的光盘。

图 3-11 为 Nero 7.0 刻录主菜单，可以通过主菜单进行刻录的操作，其中包括：视频捕获、添加视频文件、制作电影、制作新幻灯片、导入光盘等。下面的 0.0GB～4.0GB 显示的为视频文件的总占用空间，还包括“更多”、“导出”、“保存”及“返回”按钮。

图 3-11　Nero 7.0 刻录主菜单

在使用 Nero 软件的过程中有以下技巧：①不要超容量刻，特别是 DVD ± R 和 CD-R。因为一旦刻出问题，DVD ± R 和 CD-R 盘的特性将导致刻在其上的数据无法擦除，该盘就只能作废处理，所以，即使是与刻录机同品牌的盘也最好不要超容量刻。②不要把盘刻得非常满。如果刻 CD 盘建议最多刻到 650MB，虽然所有的 CD 盘都标称 700MB，即使刻录时提示正常刻满 700MB，但拿这张 CD 盘到其他光驱上读取，很多时候却无法全部读出；如果刻 DVD 建议刻到 4.2GB，刻得太满非常容易出问题。③适当时候要降速刻。如果刻某种盘第一张就出问题，那么建议把刻速降一点再刻；如果还出问题，那就赶紧放弃这种盘。④在删除源文件前一定要确认 DVD ± RW 或 CD-RW 上的数据能否完整读出。最好的测试办法就是刻完光盘后，立即将光盘上的文件全部复制到硬盘试试，但如果觉得全盘复制太费时间，起码也要抽检光盘上的几个文件。总之，在删除源文件前一定要确认光盘上数据是完整无损的。⑤RW 盘无论是 DVD 还是 CD，最好在开始第一次刻录前先进行全面擦除(即格式化)，以后每次只要快速擦除即可，这样可以保证 RW 盘在读取时比较顺畅。

第 4 章　数字音频技术

【学习目标】

(1) 熟悉音频文件的几种格式。

(2) 有能力获取数字化音频资源，掌握录音的基本方法。

(3) 能够熟练地对音频做编辑处理。

数字音频技术包括音频的制作、音频的编辑以及将声音融入多媒体应用软件等操作。

4.1　音频技术简介

音频信号是一种频率范围为 20HZ～20KHZ 的波形信号。音乐、歌曲和语音均属于音频信号的范畴。在多媒体音频处理中主要对音乐、音响效果和语音 3 种音频信号进行处理。

4.1.1　数字音频基础

1. 声音的频率

声音是一种有机械震动产生的波，叫做声波。声音的强弱体现在声波振动的幅度大小上，音调的高低体现在声波振动的频率上，人们可以使用麦克风(话筒)把声波转换成电信号，即音频信号。音频信号是一种频率范围为 20HZ～20KHZ 的波形信号。它有两个基本的参数：频率和幅度。电压的幅度表示声音的强弱，频率表示声音的音调，它是一种在时间和幅度上都是连续的模拟信号。

声音按照频率的不同分为次声(频率低于20HZ)、超声(频率高于20KHZ)和可听声(频率位于 20HZ～20KHZ 频率范围内)。可听声也称为音频，相应的波形可称为音频信号。音频按其频率范围又可分为电话语音(20HZ～3.4KHZ)、条幅广播(50HZ～7KHZ)、调频广播(20HZ～15KHZ)和宽带音频(20HZ～20KHZ)4 种。一般来说，频率范围越宽则声音的质量越好。

2. 声音的三要素

影响声音质量的要素有 3 个，即音调、音强和音色。

音调也称音高。它表示人耳对声调高低的主观感受。客观上音高大小主要取决于声波频率的高低，频率越高则音调越高，反之则低。

音强又称响度。它表示的是声音能量的强弱程度，主要取决于声波振幅的大小。声音的强度一般用声压或声强来计量，单位是分贝(db)。响度是听觉的基础，正常人听觉的强度范围为 0～140db。

音色是一种声音区分另一种声音的特有属性。例如，用各种不同的乐器演奏同样的一个乐音，虽然音调与响度都一样，但听起来各自的音色却不同，这是由于物体振动所形成的声波波形不相同的缘故。这种独特的波形就决定了某种乐器(或某人的声音)的特色，叫做音色或音品。

3. 数字音频

人们日常所接触的音频信号的物理结构可以分为模拟音频和数字音频两种。模拟音频信号的存储和应用过程非常复杂，受时间和环境变化的影响很大，一般具有以下特点：

(1) 抗干扰能力差。模拟信号在传输过程中容易受到干扰，如外界的电磁波，播放设备的电流，甚至天气变化都会对音频信号造成干扰，导致声音信号质量下降。

(2) 噪声会累积。在复制或传输等处理过程中，系统中的有源设备(如放大器)会引入噪声，而且噪声会累积，没有办法消除，每复制一次，噪声就累积一次，最终导致信噪比严重下降。

(3) 无法使用计算机进行存储，不能在计算机网络中传输。基于数字电子技术的计算机网络具有高效的信息处理与传输能力，可以为用户提供信息、教育、娱乐等各种服务，但是，模拟音频信号无法在这个系统中存储与处理。

由于模拟音频信号存在上述难以克服的缺点，为了使人们能够获得更好的声音质量，更加便捷的处理方式，随着数字电子技术的发展，数字音频技术逐渐出现在音频应用的各个领域，并成为多媒体技术及其应用的核心。

音频是连续变化的模拟信号，而数字音频是一个数据序列，在时间上是连续的。把模拟音频信号通过采样和量化转化成用许多“0”、“1”表示的数字信号，这个过程就是音频的数字化。音频的数字化涉及采样、量化、编码等多种技术。

在多媒体系统的音频处理过程中，采样、量化和编码技术是视音频信号数字化的关键，对音频信号的采样实际上是把模拟音频信号每个相等的时间间隔结成一段，将在时间上连续变化的波形截取成在时间上离散的数字信号，对所得的数字信号进行量化、编码后，形成最终的数字音频信号。

4.1.2　数字音频的采样、量化和编码

日常生活中，从麦克风的声电转换器件得到的音频信号是模拟信号，将模拟信号变成

数字音频信号要经过模/数(A/D)转化过程。

模数转化包括 3 个过程，即取样、量化及编码。其中，取样的目的是将时间上连续的模拟信号变成时间上离散的信号，量化是将幅度上连续的取样值变成幅度上离散的取样值，而编码的作用是将离散化的取样值变成二进制数码。

1. 采样

模拟音频信号实际上是连续信号，或称做连续时间函数 X(t)。其采样过程就是模数转换过程，即按照规定的时间间隔 T 采集一段时间内的模拟信号，以获得采集时刻模拟信号的振幅值即离散信号 X(nT)，其时间间隔 T 称为采样周期，1/T 称为采样频率。采样频率越高，则单位时间内所得到的离散信号 X 就会越多。

虽然数字音频信号可以克服模拟音频的缺点，但是在播放声音的时候，数字音频必须重新还原为模拟信号。为了保证还原的音频信号不失真，数字化时采样频率必须满足采样定理的要求，即采样频率至少是信号最高频率的两倍。采样定理又称奈奎斯定理。

2. 量化

采样后的离散信号 X(nT)，其振幅仍然是连续变化的数值，为了便于在计算机中处理，必须将取样值量化成一个有限个幅度值的集合 X(nT)。

量化的过程如下：量化器先将整个幅度划分成为有限个小幅度的集合，把落入某个间隔内样值归为一类，并赋予相同的量化值。量化间隔的数目，称为量化级。量化过程存在量化误差，质量就越好。增加量化基数能够把噪声降低到无法察觉的程度，但随着信号幅度的降低，量化噪声与信号之间的相关性变得更加明显。

如果采用相等的量化间隔对采样得到的信号作量化，称之为均匀量化，也称为线性量化。均匀量化就是直接对声音信号作 A/D 转换，在处理过程中没有利用声音信号的任何特性，也没有进行压缩。该方法将输入的声音信号的振幅范围分为两个等份，所以落入同一等份数的采样值都编码成相同的 8 位二进制码。只要采样频率足够大，量化位数也适当，便能获得较高的声音信号数字化效果。为了满足听觉上的效果，均匀量化必须使用较多的量化位数。这样所记录和产生的音乐，可以达到最接近原声的效果。当然，提高采样率及分辨率后，将引起存储数据空间的增大。

为了克服均匀量化的缺点，实际中往往采用非均匀量化。非均匀量化是根据信号的不同区间来确定量化间隔的。对于信号取值小的区间，其量化间隔也小；反之，量化间隔就大。与均匀量化相比，非均匀量化有两个主要的优点：

当输入量化器的信号具有非均匀分布的概率密度时，非均匀量化器的输出端可以较高的平均信号量化噪声功率比。

非均匀量化时，量化噪声功率的均方根值基本上与信号抽样值成比例，因此，量化噪声对大、小信号的影响大致相同，即改善了小信号时的量化信噪比。

通常，用二进制数字表示量化后的取样值，用 8 位二进制码可以表示 2^3 个不同的量化电平，B 被称之为量化位数。

存储数字音频信号的比特率为

$$I = B \cdot \int S \ (\text{bit})$$

式中：∫S 是取样频率(HZ/S)；B 是每个样值的比特数(比特/采样)。

3. 编码

编码是根据一定的协议或格式把模拟信号转换成二进制比特流的过程。多媒体信息数字化的过程中，最简单的编码方式就是直接用量化后的二进制数作为输出的数字信号，这种编码方式也就是脉冲代码调制编码。

PCM 编码最大的优点是信号质量好，因为它最大限度地保留了信号的原始信息。但是，这种编码方式有一个最大的缺点，就是其数据量是非常大的，需要大量的存储空间。常见的 Audio CD 就采用 PCM 编码，一张 CD 光盘 700M 的容量只能容纳 72 分钟的音乐。

多媒体信息的一个特点是存在多种冗余信息，具有很大的压缩潜力。因为在多媒体数据中，存在着空间冗余、时间冗余、结构冗余、知识冗余、视觉冗余、统计冗余等，它们为数据压缩技术的应用提供了可能的条件。因此，在多媒体系统中可以采用数据压缩技术对数字信号进行压缩，在保证人的主观感受不变的前提下，使得存储的数据量大大下降。采用不同的压缩技术，也即采用了不同的编码技术。

注意：
由于采用了不同的编码技术，就产生了不同的数字音频文件格式，在播放文件时就需要不同的解码软件。

4.2　数字音频文件格式

由于采用了不同的编码技术，针对不同的应用，出现了多种数字音频的存储格式。常用的数据音频格式有以下几种。

1. WAV 文件

WAV 文件也叫做波形文件，是 Microsoft 公司开发的一种声音文件格式，存储文件扩展名为“WAV”。WAV 格式文件的数据是直接来源于对声音模拟型号波形的采样。用不同的采样频率对声音的模拟波形进行采样可以得到一系列离散的采样点，以不同的量化位数(8～64bit)把这些采样点的值转换成二进制数，然后存入磁盘，这就产生了声音的 WAV 文件。WAV 文件所需要的存储容量很大，如果对声音质量要求不高的话，可以通过采样频率、采用较低的量化位数或利用单声道来录制 WAV 文件，这样可以大大减小 WAV 文件大小。

WAV 文件数据没有经过压缩，数据量大，但音质最好。大多数压缩格式的声音都是在它的技术上经过数据的重新编码来实现的，这些压缩格式的声音信号在压缩前和回放时都要使用 WAV 格式。

2. WMA 文件

WMA 就是 Windows Media Audio 编码后的文件格式，由 Microsoft 公司开发，采用网上流式数字音频压缩技术，可以一边下载一边播放，因此 WMA 可以很轻松地实现在线广播。这种压缩技术同时兼顾了保真度和网络传输的需求，Microsoft 公司声称，在只有 64bit/s 的码率情况下，WMA 可以达到接近 CD 的音质。WMA 支持防复制功能，通过 Windows Media Rights Manager 加入保护，可以限制播放时间和播放次数甚至于播放的机器等。由于是 Microsoft 公司的杰作，因此，Microsoft 公司在 Windows 中加入了对 WMA 的支持，WMA 有着优秀的技术特征，在 Microsoft 公司的大力推动下，这种格式被越来越多的人接受。

3. RA 文件

RA 文件是 Real Networks 公司开发的一种音频文件，在网络上非常流行，在低速率的广域网上实时传输音频信息。网络连接速率不同，客户端所获得的声音质量也不尽相同。对于传输速率为 144kbit/s 的网络连接，可获得调幅质量的音质；对于传输速率为 28.8kbit/s 的网络连接，可以达到广播级的声音质量；如果拥有 ISDN 或更快的线路连接，则可获得 CD 音质的声音。和 WMA 一样，RA 不但支持边下载边播放，也同样支持使用特殊协议，从而实现只能在线播放而不提供下载的欣赏方式。这对唱片公司和唱片销售公司很重要，在各方的大力推广下，RA 和 WMA 是目前互联网上用得最多的音频媒体格式。

4. PCM 文件

PCM 文件是模拟的音频信号经模数转换直接形成二进制序列的文件，该文件没有附加的文件头和文件结束标志。在声霸卡提供的软件中，可以利用 VOC-HDR 程序，为 PCM 格式的音频文件加上头文件，而形成 VOC 格式。Windows 的 Convert 也具有将 PCM 音频文件装换成 Microsoft 的 WAV 格式的功能。

5. MP3 文件

MP3 文件是指 MPEG 运动图像专家组所制定的音频文件格式。根据压缩质量和编码复杂程度的不同，分为 MP1、MP2、MP3 这 3 种声音文件。MPEG 音频文件的压缩是一种有损压缩，MPEG 音频编码具有很高的压缩率，MP1、MP2 的压缩率为 4∶1 至 8∶1，而 MP3 的压缩率则高达 12∶1。也就是说，1 分钟 CD 音质的音乐，未经压缩需要 10MB 存储容量，而经过 MP3 压缩编码后不到 1MB。MP3 的特点是体积小、有较好的声音质量，所以 MP3 是目前最为流行的一种音乐文件。

6. MIDI 文件

MIDI 是数字音乐电子合成乐器的统一国际标准，它规定计算机音乐程序、电子合成器和其他电子设备之间交换信息与控制信号的方法。MIDI 文件中包含音符、定时和多达

16 个通道的乐器定义，每个音符包括键通道号、持续时间、音量、力度等信息，可以模拟大提琴、小提琴、钢琴等常见乐器。当播放 MIDI 音乐的时候，其实就是将各种预先设计好的声音元素按乐谱合成为一首音乐。MIDI 文件的扩展名是.mid 和.rmi。

7. CDA 文件

CDA 文件是 CD 光盘采用的文件格式，在大多数播放软件的“打开文件类型”中，都可以看到该格式。一个 CD 音频文件是一个.cda 文件，这只是一个索引信息，并不是真正包含的声音信息。所以，不论 CD 音乐的长短，在计算机上看到的“*.cda 文件”都是 44 字节长。

注意：

不能直接复制.cda 文件到硬盘上播放，需要使用专业软件把 CD 格式的文件转换成 WAV 格式。

4.3　数字音频素材的获取

在多媒体应用软件中，声音是必不可少的媒体元素。声音数据包括背景音乐、歌曲演唱、乐器演奏、解说词、电影动画配音等，另外还包括碰撞、敲击、射击、观众掌声、喝彩、雷电等各种特殊效果声等。声音素材的获取主要通过以下几种方法。

1. 从素材库直接获取或从网站下载

目前，不少的出版商出版了声音素材库，例如，有的 CD-ROM 声音素材光盘收集了大量的 WAV、MID 或 MP3 格式的声音文件，内容范围很广，有各种各样的背景音乐、流行音乐、舞曲和自然音效，也有许多人与动物发出的声音、卡通与特效音响等，这些声音一般是经过专业人员精心挑选制作而成的，具有较高的质量。除了购买光盘声音素材库之外，还可以和有关部门联系交换一些音频数据文件，如大型图书馆、广播电台等部门存放着珍贵的名人讲话原始录音，制作者可通过合适的路径去获取。另外，在因特网上也有许多声音素材，用户可以上网浏览网站和网页，寻找所需要的声音文件进行下载。

用户也可以直接使用以上光盘或者网站上的音频素材，但要找到完全符合要求的声音文件也不太容易。一般可以先找到与要求相接近的声音，再通过音频编辑软件适当加以处理后使用。这些声音一般用于特殊效果声或背景音乐，如果需要解说词或影视配音等还需要自己进行录制。

2. 自行录制声音

用户可以用多媒体计算机把来自录音、录像磁带的模拟声音转换为数字音频文件，或者通过话筒录制数字音频文件。录制声音最简单的方法是采用 Windows 自带的录音机软件录制，并可以进行简单编辑，但是录音机软件不适用于录制比较长的声音。如果需要录制比较长的声音，或者要对录制的声音进行高级处理，可以使用专业的软件，例如，Cool Edit、GoldWave、DVStorm 等。

录音时应该使用专业话筒，有条件的单位或个人应该使用调音台、数字音频工作站。如图 4-1、图 4-2 和图 4-3 所示为专业设备示意图。具体设备连接如图 4-4 所示。

图 4-1　专业话筒录音

图 4-2　电脑声卡录音

图 4-3　数字调音台

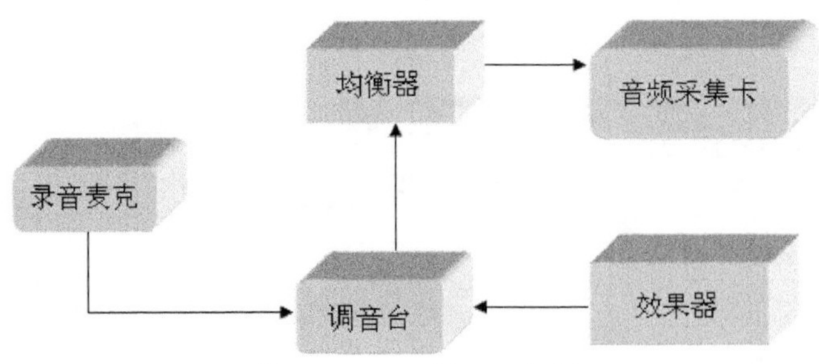

图 4-4　录音设备连接图

3. 从光盘中截取音频

获取声音除了从各种素材库中直接获取外，还可以从 CD、VCD 和 DVD 光盘中截取一段作为素材使用。目前，许多媒体播放的软件均有此项功能。下面以超级音频解霸为例来说明如何截取一段声音。

超级解霸软件由以下几部分组成：豪杰实用工具、网络视频新技术、演示视频教学、超级解霸、超级解霸界面编辑器、超级音频解霸、超级音频页面编辑器、豪杰超级解霸帮助文档和图像浏览器。

将 VCD 或 DVD 放入光驱，只要没关闭自动播放检测器或禁止播放 DVD 或 VCD，系统就会自动启动超级解霸进行播放。正常的播放方式是选择“文件｜播放各种影碟”命令，如果打开的是一个特定的文件，则选择“文件｜打开单个文件”中的命令，找到要播放的文件即可。

应用音频解霸将所需声音片段从 VCD 或 DVD 中截取下来的具体操作如下所示。

(1) 将需要进行转换的 VCD 或 DVD 放入光驱后，运行音频解霸，然后选择“文件｜播放 VCD｜DVD 伴音”命令，播放文件。

(2) 选择“循环”命令，此时整个播放区间将变成阴影，这表示此时整首歌曲都可以进行截取了，同时，“选择起始点”、“选择结束点”和“保存为 MP3”等按钮已经变为可用状态。

(3) 先将 VCD 仔细浏览一遍，确定所需要录音的区域。确定所需要录音的区域也是比较简单的，先将播放进度的移动条放在所要录音区域的开始位置；然后用鼠标单击“选择起始点”按钮，把播放进度的移动条放在所需录音区域的结束位置；最后单击“选择结束点”按钮。

完成上述操作后，这时只要按下“保存”按钮，软件就会提示用户选择保存的路径，然后超级音频解霸就会开始工作。

4. 利用专业软件制作合成音频文件

Audition、Cool Edit、GoldWave 等都是很好用的音频处理软件，可以对音频文件进行编辑、混合和增加特效。如果你想制作卡拉 OK 的伴奏带、调整声调 B 调—D 调等或者调整音量大小、录音电平大小、声道处理等均可应用这些软件。下面以 Adobe Audition 为例作简要介绍，如图 4-5 所示。

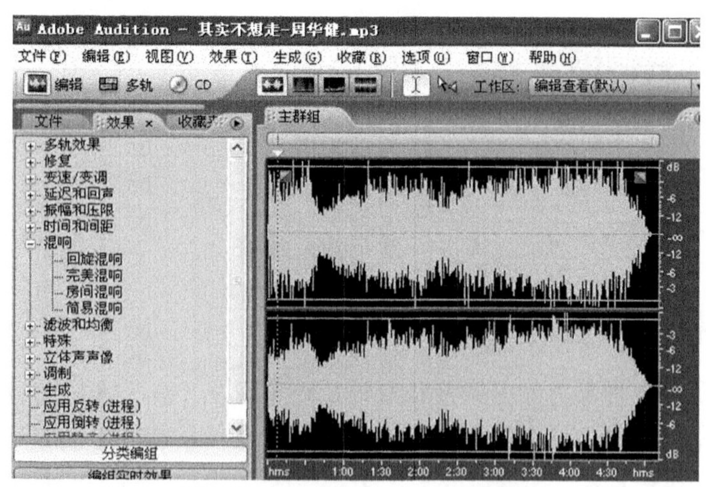

图 4-5　Adobe Audition 软件界面

选择“文件”，导入要处理的 1 个或多个音频文件，分别放在不同轨道，根据需要调整音量或截取部分片段，然后合成输出即可。卡拉 OK 伴奏带的原理就是在左声道放伴奏音乐，而将右声道作为原唱的声音，这样，在播放伴奏带的时候，调整播放的声道，就可以只听到伴奏音乐或者原唱。利用 Adobe Audition 可以很容易保留或删除左右声道的声音，当然，也可以为音频增加多种特效，如混响、变速等。

第 5 章　数字动画技术

【学习目标】

(1) 掌握动画的基本类型，了解动画片制作的基本过程。

(2) 熟悉 Flash 动画软件的基本操作，并能制作 Flash 课件。

(3) 熟悉三维动画软件的基本操作。

(4) 有能力获取数字化动画资源。

5.1　动画概述

5.1.1　动画的界定

1. 动画的艺术门类及其原理

说到动画，大家可能会想到另外一个词语——漫画。二者在某种程度上有相同之处，都是用卡通化的形象来表达一定的想法，而且从产业上来说，二者都属于同一产业领域——动漫产业。因此，在介绍动画的定义之前，首先来了解一下动漫。

动漫这一艺术综合了音乐、幽默、漫画、摄影、文学、戏剧、文艺评论等学科，最大的特点就是寓教于乐，进而成为“读图时代”的典型代表和首选之作。漫画一般是以书面或电子的形式发行的静态卡通作品，大多数是几幅连续的画面配上文字解说，如报纸上的讽刺漫画、小人书等。而动画是通过连续播放一系列画面，给视觉造成动态变化的图画，能够展现事物的发展过程和动态。对于现在的技术而言，“动画”并不仅仅是指传统意义上的在屏幕上看到的带有一定剧情的影片和电视节目，而且还包括在教育、工业上用来进行演示的实物拍摄的屏幕作品。动画片的艺术形式更接近于电影和电视，而且它的基本原理与电影、电视一样，都是结合蒙太奇技术完成的视听觉艺术形式。

2. 动画的格式

(1) GIF 格式

GIF 即“图形交换格式”，于 20 世纪 80 年代由美国一家著名的在线信息服务机构

CompuServe 开发而成。GIF 格式的特点是压缩比高，利于网络传输。GIF 格式增加了渐显示方式，用户可以先看到图像的大致轮廓，然后随着传输过程的继续而逐步看清图像中的全部细节，从而适应了用户的“从朦胧到清楚”的观赏心理。目前，Internet 上大量采用的彩色动画文件多为这种格式的文件。

(2) FLIC 格式

FLIC 格式由 Autodesk 公司研制而成，它是 FLC、FLI 的统称。FLI 是最初给予 320×200 像素分辨率的动画文件格式；而 FLC 进一步扩展，它采用了更高效的数据压缩技术，所以具有比 FLI 更高的压缩比，其分辨率也有了不少提高。

(3) SWF 格式

SWF 格式的动画能用比较小的体积来表现丰富的多媒体形式，并且还可以与 HTML 文件达到一种“水乳交融”的境界。Flash 动画其实是一种“准”流媒体形式的文件，是利用矢量技术制作的，不管将画面放大多少倍，画面仍然清晰流畅，质量一点儿也不会因此降低，是目前网络动画的主要形式。因此，有人将其称为网络动画格式。

3. 数字动画的含义

数字动画是指在制作、存储、传输、重现等过程中全部运用数字技术的动画，同时也指制作动画时采用数字技术而得到的动画。数字动画分为二维动画和三维动画。动画的制作过程可分总体设计、设计制作、具体创作和拍摄制作等 4 个阶段。二维动画根据计算机参与动画制作的程度，包含计算机辅助着色，插画的手绘二维动画和用计算机进行全部作业的无纸二维动画。计算机的作用包括：输入和编辑关键帧；计算和生成中间帧；定义和显示运动路径；交互式给画面上色；产生一些特技效果；实现画面与声音的同步；控制运动系列的记录等。

数字动画的效果来源于创意。创意是指具有一些富有创造力的人所具有的能力，是一种创造的行为和过程。数字动画创意是基于动画造型及运动的视觉效果创意，也是动画故事情节创意。计算机动画涉及电影业、电视片头和广告、科学计算和工业设计、模拟、教育和娱乐以及虚拟现实与 3D Web 等领域，具有广阔的市场前景。

1908 年，法国 Emile Cohl 首创用负片制作动画影片。所谓负片，是影像与实际色彩恰好相反的胶片，如同今天的普通胶卷底片。采用负片制作动画，从概念上解决了影片载体的问题，为后来动画片的发展奠定了基础。

1909 年，美国 Winsor Mccay 用一万张图片表现一段动画故事，这是迄今为止世界上公认的第一部像样的动画短片。从此以后，动画片的创作和制作水平日趋成熟，人们已经开始有意识地制作表现各种内容的动画片。

1915 年，美国 Eerl Hurd 创造了新的动画制作工艺，他先在塑料胶片上画动画片，然后再把画在塑料胶片上的一幅幅图片拍摄成动画电影。直到现在，这种动画制作工艺仍然被沿用着。

从 1928 年开始，著名的 Walt Disney 逐渐把动画影片推向了巅峰，他在完善了动画体系和制作工艺的同时，把动画片的制作与商业价值联系了起来，被人们誉为商业动画之父。

直到如今，他创办的 Disney 公司还在为全世界的人们创造出丰富多彩的动画片，也正是为此，Disney 公司被誉为“20 世纪最伟大的动画公司”。

如今的动画，计算机的加入不但使动画的制作变简单且普及起来，如互联网上的 Flash 小动画，也使得动画创作更专业，成就了一批明星企业，如皮克斯(Pixar)、光魔(IL)。

5.1.2　动画的制作过程

传统动画的制作是一个复杂而繁琐的过程，无论是手绘动画还是模型动画，其基本规律和思路是一致的。简单地说，其关键步骤包含以下 6 个。

(1) 由编导确定动画剧本及分镜头脚本；

(2) 美术动画设计人员设计出动画人物形象；

(3) 美术动画设计人员绘制、编排分镜头画面脚本；

(4) 动画绘制人员进行绘制；

(5) 摄影师根据摄影表和绘制的画面进行拍摄；

(6) 剪辑配音。

传统动画的制作过程一般又可以分为 4 个阶段：总体规划、设计制作、具体创作和拍摄制作。每一阶段又有若干个步骤。

1. 总体规划阶段

总体规划阶段包括剧本、故事板、摄制表等若干内容设计。

(1) 剧本

任何影片生产的第一步都是创作剧本，但动画片的剧本与真人表演的故事片剧本有很大不同。一般影片中的对话，对演员的表演是很重要的，而在动画影片中则应尽可能避免复杂的对话。最重要的是用画面表现视觉动作。最好的动画是通过滑稽的动作取得的，其中没有对话，而是由视觉创作激发人们的想象力。

(2) 故事板

根据剧本，导演要绘制类似连环画的故事草图(分镜头绘图剧本)，将剧本描述的动作表现出来。故事板由若干片段组成，每一片段由系列场景组成，一个场景一般被限定在某一地点和一组人物内，而场景又可以分为一系列被视为图片单位的镜头，由此构造出一部动画片的整体结构。故事板在绘制各个分镜头的同时，作为其内容的动作、道白的时间、摄影指示、画面连接等都要有相应的说明。一般 30 分钟的动画剧本，若设置 400 个左右的分镜头，将要绘制约 8000 幅图画的图画剧本——故事板。

(3) 摄制表

摄制表是由导演编制的整个影片制作的进度规划表，以指导动画创作集体各方人员统一协调地工作。

2. 设计制作阶段

设计制作阶段一般包括内容设计和音响效果的设置等。

(1) 内容设计

设计工作是在故事板的基础上，确定背景、前景及道具的形式和形状，完成场景环境和背景图的设计、制作。对人物或其他角色进行造型设计，并绘制出每个造型的几个不同角度的标准页，以供其他动画人员参考。

(2) 音响效果的设置

在制作动画时，因为动作必须与音乐匹配，所以音响录音不得不在动画制作之前进行。录音完成后，编辑人员还要把记录的声音精确地分解到每一幅画面位置上，即第几秒(或第几幅画面)开始说话、说话持续多久等。最后要把全部音响历程(或称音轨)分解到每一幅画面，画面位置与声音对应的图表，供动画制作人员参考。

3. 具体创作阶段

具体创作阶段一般包括原画创作、中间画制作、誊清和描线以及着色等过程。

(1) 原画创作

原画创作是由动画设计师绘制动画的一些关键画面。通常是一个设计师只负责一个固定的人物或其他角色。

(2) 中间画制作

中间画是指两个重要位置或框架图之间的图画，一般就是两张原画之间的画。助理动画师制作一幅中间画，其余美术人员再内插绘制角色动作的连接画。在各原画之间追加的内插的连续动作的画，要符合指定的动作时间，使之能表现得接近自然动作。

(3) 誊清和描线

前几个阶段所完成的动画设计均是铅笔绘制的草图。草图完成后，使用特制的静电复印机将草图誊印到醋酸胶片上，然后再用手工对誊印在胶片上的画面的线条进行描墨。

(4) 着色

由于动画片通常都是彩色的，这一步是对描线后的胶片进行着色(或称上色)。

4. 拍摄制作阶段

(1) 检查

检查是拍摄阶段的第一步。在每一个镜头的每一幅画面全部着色完成之后，准备拍摄之前，动画设计师需要对每一场景中的各个动作进行详细检查。

(2) 拍摄

动画片的拍摄，使用中间有几层玻璃层、顶部有一部摄像机的专用摄制台。拍摄时将背景放在最下一层，中间各层放置不同的角色或前景等。拍摄中可以移动各层产生动画效果，还可以利用摄像机的移动、变焦、旋转等变化和淡入等特技功能，生成多种动作特技效果。

(3) 编辑

编辑是后期制作的一部分。编辑过程主要完成动画各片段的连接、排序、剪辑等。

(4) 录音

编辑完成之后，编辑人员和导演开始选择音响效果配合动画的动作。在所有音响效果选定并能很好地与动作同步之后，编辑和导演一起对音乐进行复制。再把声音、对话、音乐、音响都混合到一个声道上，最后记录在胶片或录像带上。

对于模型动画而言，以上 4 个阶段同样适用，只是在具体创作阶段和拍摄制作阶段中，手绘动画的操作对象是纸张和胶片，而模型动画操作的对象是黏土和钢架。

5. 动画制作中的工作人员

传统的动画制作，尤其是大型动画片的创作，是一项集体性劳动，创作人员的集体合作是影响动画创作效率的关键因素。

一部长篇动画片的生产需要许多工作人员，有导演、制片、动作设计人员、动画辅助制作人员，画面整理人员、描线人员及着色人员等。动画辅助制作人员是专门进行中间画面添加工作的，即动画设计人员绘出一个动作的两个极端画面，动画辅助制作人员则绘出它们中间的画面。画面整理人员进行草图整理。描线人员负责对整理后画面上的人物进行描线。着色人员把描线后的图着色。由于长篇动画制作周期较长，还需专职调色人员调色，以保证动画片中某一角色所着色前后一致。此外还有特技人员、编辑人员、摄影人员及生产人员和行政人员。

这些人员按照工作启动的先后和功能及职责可以分为以下 6 个梯队。

(1) 制片人、导演、编剧；

(2) 作画、监督、美术监督、摄影监督、音响监督；

(3) 构图师、原画师、动画师、动检师；

(4) 描线人员、着色人员、整理人员；

(5) 特技人员、编辑人员、摄影人员；

(6) 生产人员。

6 个梯队中的人员彼此之间的工作是相互独立的，但在程序上又是相互关联和依赖的，彼此之间的工作必须要有良好的沟通和交流。而沟通机制的建立依赖于行政人员。在动画制作工艺中，“动画”与“动画设计”(即原画)是两个不同的概念，对应着两个不同的工种。

原画设计是动画影片的基础工作，对应的人员就是原画师。原画设计的每个镜头的角色、动作、表情，相当于影片中的演员，所不同的是设计者不是将演员的形体动作直接拍摄到胶片上，而是通过设计者的画笔来塑造各类角色的形象并赋予他们生命、性格和感情。

动画一般也称为“中间画”，其对应的设计人员就是动画师。动画是指两张原画的中间运动过程。动画片动作的流畅、生动，关键要靠“中间画”的完善。一般先由原画设计者绘制出原画，然后动画设计者根据原画规定的动作要求及帧数绘制中间画。原画设计者与动画设计者必须有良好的配合才能顺利完成动画片的制作。

动画绘制需要的工具一般有复制箱、工作台、定位器、铅笔、橡皮、颜料、曲线尺等。方法是：按原画顺序将前后两张画面套在定位器上，然后再覆盖一张同样规格的动画纸，通过台下复制箱的灯光，在两张原画动作之间先画出第一张中间画(称为第一动画)，然后再将第一动画与第一张原面叠起来套在定位器上，覆盖另一张空白动画纸画出第二动画。依此方法，绘制每两张原画之间的全部动作。

5.2　计算机动画

5.2.1　计算机动画的分类

计算机动画又称为数字动画，是指在制作过程中用计算机来辅助或者替代传统制作颜料、面笔和制模工具的一种动画制作方法及其最终成果。可以从两个方面理解这一含义：其一，计算机动画广义上的理解为，在制作动面时采用数字技术(计算机技术)而得到的动画。那么在存储介质上，可以存储在传统的磁带或胶片介质上，也可以存储在硬盘和光盘介质上。其二，计算机动画狭义上的理解为，在制作、存储、传输、重现等过程全部运用数字技术。那么，广义上的数字动画一般对应着传统意义上的动画影片，而狭义上的数字动画则对应着网络动画和游戏动面。

与传统动面相比，计算机动画由于计算机技术的加入使得动画制作工艺和周期大大简化。如果要细分计算机动画的类型，可以从技术这一维度来进行各方面的考察。

首先，考察技术在制作中作用的大小。按照计算机及其软件在动画制作中的作用，计算机动画可分为计算机辅助动画和计算机创作动画两种。计算机辅助动画属二维动画，其主要用途是辅助动画师制作手绘动画，简化手绘动画的工具和手段；而计算机创作动画则完全用计算机来代替传统动画制作工具而得到的动画，一般也把它称之为“无纸动画”。例如，网络中常见的 Flash 动画，一般都是完全用计算机来绘制、作图、上色并使其运动的；计算机三维造型动画，则是用计算机建模来代替黏土和钢架的建模。

其次，可以考察具体动画技术形式。如按照计算机动画制作当中动画运动的控制方式分类可分为实时(Realtime)动画和逐帧动画(Frame-by-Frame)两种。逐帧动画不同于关键帧动画，关于它的理解较为简单，可以按照传统手绘动画的思路去理解，在表现画面中某一运动时，将该物体运动的过程在计算机中按照画面播放的先后顺序逐一画出来，即通过一帧一帧显示动画的图像序列而实现运动的效果。而实时动画是用算法来实现物体运动的。它并不是将运动物体的动作按照时间点逐一画出来，而是只记录最开始的状态和最终的状态，中间的运动过程通过计算机自动产生。实时动画也称为算法动画，它是采用各种算法来实现运动物体的运动控制。在实时动画中，计算机对输入的首、末状态的数据进行快速处理，并在人眼察觉不到的时间内将结果显示出来。

举个简单的例子，要表现一个物体从屏幕的左边直线运动到屏幕的右边。如果采用实时动画制作方式，此时人们就无需绘画出该物体在屏幕中间各点的位置，而只需给予起始和最终状态位置以及运动的时间长短等数据，让物体按照计算机计算的结果直接去运动。如此一来大大地简化了中间画的繁杂劳动。

实时动画的响应时间与许多因素有关，如计算机的运算速度是慢还是快，图形的计算是使用软件还是硬件，所描述的景物是复杂还是简单，动画图像的尺寸是小还是大等。实时动画一般不必记录在磁带或胶片上，观看时可在显示器上直接实时显示出来。例如，电子游戏机的运动画面一般都是实时动画。

5.2.2　计算机动画的优势

对于制作工艺而言，计算机动画同样要经过传统动画制作的 4 个阶段。但是，计算机的使用大大简化了工作程序，方便快捷，提高了效率。以计算机二维动画制作为例，我国的 52 集动画连续剧《西游记》就绘制了 100 多万张原画、近两万张背景，共耗纸 30 吨、耗时整整 5 年。而在迪斯尼的动画大片《花木兰》中，一场匈奴大军厮杀的戏仅用了 5 张手绘士兵的图，计算机就变化出三、四千个不同表情士兵作战的模样。《花木兰》人物设计总监表示，这部影片如果用传统的手绘方式来完成，以动画制片小组的人力，完成整部影片的时间可能由 5 年延长至 20 年，而且要拍摄出片中千军万马奔腾厮杀的场面，是根本不可能的。由此可见，计算机在动画制作中的作用和效果。具体而言，在计算机辅助动画制作过程中，计算机的优势主要表现在以下几个方面。

1. 关键帧(原画)的产生

关键帧以及背景画面，可以用摄像机、扫描仪、数字化仪实现数字化输入(如用扫描仪输入铅笔原画)，也可以用相应软件直接在计算机中绘制。动画软件都会提供各种工具，方便绘图。这大大改进了传统动画的制作过程，可以随时存储、检索、修改和删除任意画面。传统动画制作中的角色设计及原画创作等几个步骤，一步就可以完成了。

2. 中间画面的生成

利用计算机对两幅关键帧进行插值计算，自动生成中间画面，这是计算机辅助动画的主要优点之一。这不仅精确、流畅，而且将动画制作人员从繁琐的劳动中解放出来。

3. 分层制作合成

传统动画的一帧画面，是由多层透明胶片上的图画叠加而成的，这是保证质量，提高效率的一种方法。但制作中需要精确对位，而且受透光率的影响，透明胶片最多不超过 4 张。

在动画软件中，也同样使用了分层的方法，但对位非常简单，层数从理论上说没有限制，对层的各种控制，如移动、旋转等，也非常容易。

4. 着色

动画着色是非常重要的一个环节。计算机动画辅助着色可以解除乏味、昂贵的手工着色。用计算机描线着色，界线准确、不需晾干、不会串色、改变方便，而且不因层数多少而影响颜色，速度快，更不需要为前后色彩的变化而头疼。动画软件一般都会提供许多绘画颜料效果，如喷笔、调色板等，这也是很接近传统的绘画技术。

5. 预演

在生成和制作特技效果之前，可以直接在计算机屏幕上演示一下草图或原画，检查动画过程中的动画和时限，以便及时发现问题并进行修改。而在三维动画制作过程中，计算机三维动画用计算机软件建模完全代替了手工建模，用计算机三维软件中的骨骼技术完全代替金属支架建模，用软件贴图技术代替了黏土模型的手工着色和服装设计，并且通过动作捕捉技术使动画角色的表情、动作更加连贯、生动。

除此之外，计算机的介入使动画的应用范围更加广泛，而且也使得动画制作的适应人群越来越普及。如今的动画技术已经不再仅仅局限于影视片的制作，而且还介入了计算机游戏、影视特效制作、网页设计、计算机辅助教育等许多新领域；如今的动面制作也不再是专业人员用专业工具才能制作的时代了。

5.3　二维动画技术

在当前信息技术发达的时代，计算机技术已经涉猎各行各业，也逐步在改变着原来行业的运作方式和成果形式。那么计算机在动画行业的介入首先就是直接介入了二维动画的制作过程，同时也改变了二维动画的许多属性。

5.3.1　二维动画技术概述

1. 二维动画概述

如上文所述，数字二维动画从计算机参与动画制作的程度深浅来看，包含计算机辅助着色和插画的手绘二维动画，以及用计算机进行全部作业的无纸二维动画。但无论是哪一种类型的计算机二维动画，都有计算机和计算机软件技术的共同参与。那么数字二维动画与传统二维动画到底有哪些相似与不同呢？

(1) 数字二维动画与传统二维动画的相似之处

- 平面上的运动。二维动画是在平面上表现运动事物的运动和发展，尽管它有动态的变化，但其单个镜头画面的视点是单一的，不能改变的。即便是数字二维动画也是如此。
- 共同的技术基础——“分层”技术。对于传统手绘动画而言，动画师将运动的物体和静止的背景分别绘制在不同的透明胶片上，然后叠加在一起拍摄，其目的是减少了绘制的帧数，实现透明、景深和折射等不同的效果。而在计算机二维动画技术中也是基于这一概念的，在计算机软件中的各层上绘制，然后直接用计算机合成。

- 共同的创意来源。不管是手绘二维动画还是计算机二维动画，最终成果的来源都是来自于创作者——人的创意，而非计算机或者其他智能化仪器。无论最终是以动画影片的形式出现还是以网页和数字游戏的形式出现，人的创意是任何技术都无法替代的，是首位的，这也是动画制作的基点。
- 制作的基本流程相似。在制作流程的大概阶段上，计算机二维动画与传统手绘动画是相似的，都要经历“总体规划、设计制作、具体创作和拍摄制作”这 4 个阶段，仅仅在具体步骤和手段上有所差异。

(2) 数字二维动画与传统二维动画的相异之处

- 二者的实现工具和手段有差异。传统手绘动画在制作工具上依靠的是画笔、颜料、曲尺、透明胶片、摄影机和银盐胶片来完成动画的加工和记录过程。而数字二维动画在进行动画制作过程中更多的是依靠计算机。用计算机中的鼠标和虚拟的颜料来代替实际的画笔和颜料，用软件中的图层来代替透明胶片，用计算机及其硬盘来代替摄影机和银盐胶片。
- 二者的创作步骤稍有出入。由于制作工具的不同带来具体操作步骤和方法上的更改。
- 二者在最终成果形式以及应用领域上有所不同。传统二维动画一般最终的成果形式就是影视作品，只能在电影或者电视屏幕上播放的一种作品方式。而现在数字二维动画，其成果形式可以是影视作品，也可以是网络动画、游戏动画或者计算机演示动画。不仅仅局限于剧情和过程的单向展现，更多地应用于互动娱乐上。

其实就当前动画影片的制作而言，严格意义上的传统手绘动画早已经不存在了，因为自 1986 年迪斯尼第一步尝试之后，动画制作领域已逐步转向计算机辅助动画。数字二维动画不仅具有传统手绘动画的制作功能，而且可以发挥计算机所特有的功能，如生成的图像可以重复编辑等。

2. 数字二维动画制作流程

数字二维动画是对传统手工绘制动面的一个重大改进。与手绘动画相比，用计算机来描线上色方便，操作简单。从成本上说，数字二维动画价格低廉，节约生产的耗材和人工成本。从技术上说，工艺环节减少，无须胶片拍摄和冲印就能预演结果，发现问题可以及时在计算机上修改，既方便又节省时间。更重要的是，数字动画成果形式和应用平台更加多元化。由于计算机参与的程度不同，数字二维动画的制作流程与传统动画有所不同。

(1) 计算机辅助二维动画的制作流程

计算机辅助二维动画对应着传统手绘动画，一般其产品绝大多数是电视连续剧动画片、电影片、商品广告、公益动画片或者科教演示。该类型计算机动画的制作流程和具体步骤与传统手绘动画完全类似。也就是说，在制作过程、步骤、制作人员的分工上，完全遵循传统手绘动画的步骤和规律。稍有出入的就是：具体创作阶段和拍摄制作阶段中的中间画制作、誊清和描线、着色、检查、拍摄、编辑、录音等步骤是借助于计算机来实现的，而其他阶段和步骤采取传统的手工和纸质工具。

(2) 无纸二维动画及其制作流程

无纸二维动画的制作过程也涵盖了传统动画的工序：脚本→人物、道具、设计→分镜头设计稿→原画→动画→上色→合成→配音。需要强调的是：由于创作的目标成果不同，有部分步骤的工作在无纸化创作的过程中会合并、省略或者不作为一个工序。

无纸化的二维动画主要应用于传统媒体(电影和电视)和新媒体(计算机、网络、手机)中。应用于传统媒体的无纸二维动画的创作是需要团队来完成的，其工作程序也是严格按照传统的制作工序。但用于新媒体上的无纸二维动画则不然，其成果可用于商业用途，也可用于个人创作。如当前互联网上的产品广告、网站或者产品使用视频演示，一些爱好者(闪客)在网络上发布的动画短片、MV，一些教师自己制作的演示性动画。这些作品其工程量远远没有电影和电视动画片的工作量大，因此有时个人或者小团体就可独立完成。

当无纸二维动画应用于新媒体时，其最终成果并不是存储在磁带或者其他介质上，而是以文件的形式存储于硬盘、光盘等数字存储媒体之中，其文件格式可以是数字视频文件格式，也可以是计算机动画专用格式。

5.3.2　二维动画制作软件

在二维动画中，计算机的作用包括：输入和编辑关键帧；计算和生成中间帧；定义和显示运动路径；给画面上色；产生一些特技效果；实现画面与声音的同步；控制运动系列的记录等。二维动画处理的关键是动画生成处理，而二维动画处理软件可以采用自动或半自动的中间画面生成处理，大大提高了工作效率和质量。从制作者的角度来说，软件的性能和适用性决定了产品的成本和成败。

1. 二维动画制作软件——Flash

Flash 是近年来发展最为强劲的一款网络动画制作软件。Flash 是 Macromedia 公司所推出的软件，是专门用来设计网页及多媒体动画的软件。它可以为网页加入专业且漂亮的交互式按钮及向量式的动画图案特效，它是目前制作网页动画最热门的软件。

Flash 的动画绘图方式是采用向量方式处理，这样图案在网页中放大或缩小时，不会因此而失真，而且可依颜色或区块进行部分选择来进行编辑，这是与其他绘图软件所不同的地方，再加上兼容 MP3 格式的音乐，不但可使音质接近 CD，且容量只有 CD 的 1/10，非常适用于网络。

2. 二维动画软件中的技术概念

(1) 图形/图像：它们是动画处理的基础。图像技术可用于绘制关键帧，多重画面叠加，数据生成；图形技术可用于自动或半自动地生成中间画面。图像有利于绘制实际景物，图形则有利于处理线条组成的画面。二维动画处理利用了它们各自的处理优势，取长补短。

(2) 图层：图层是二维动画的技术基础，在传统动画中人们不可能将背景和人物动作放在同一个图层上，这样会增加大量的工作，最终作品的形成就是将画在不同透明胶片上的背景、中间画等合在一起。在数字动画软件中，同样如此，也是采取分层的技术，各层相对独立。每一图层可能是由一系列的动作图形组成，也可能是一个关键帧画面。

(3) 时间轴：时间轴类似于传统手工绘画制作过程中的律表，让制作人员知道某一场景有多长，有几个关键动作帧，制作分多少层，该场景前后的时间位置是什么等信息。在可视化的软件中称为时间轴。

(4) 图库：在二维动画软件中，图库是用来存放全部数字化后的手绘素材的地方，如扫描后的线条稿、着色后的彩色稿、合成的动画小片段等，方便使用者查找和调用。

(5) 场景：场景是用来直接监视和观看动画合成效果的窗口。

5.3.3　二维动画制作实例

本节以 Flash 作为软件平台，介绍一个简单的二维动画制作实例。通过该实例的制作，介绍数字二维动画制作的流程，从中体会二维动画的功用。

下面先简单介绍时间轴、帧的相关内容。

1. 时间轴是用来表示动画中各帧的排列顺序和层关系的主线。“时间轴”面板由图层选择栏、帧序栏及影片状态栏等组成。如图 5-1 所示。

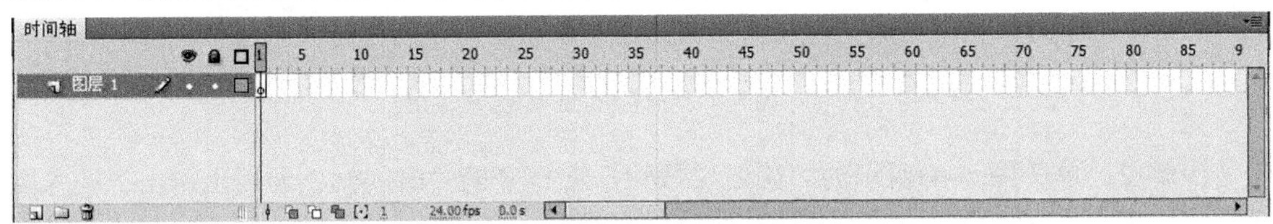

图 5-1　Flash“时间轴”面板

2. 帧代表 Flash 动画播放的内容，它是构成动画的基本单位。在时间轴上，关键帧显示为黑色的实心小圆，而没有内容的帧是空白的格子。理解帧的概念是成功创作动画的关键。

(1) 关键帧：关键帧是决定一段动画的必要帧，在时间轴上显示为黑色的实心小圆。如图 5-2 所示。

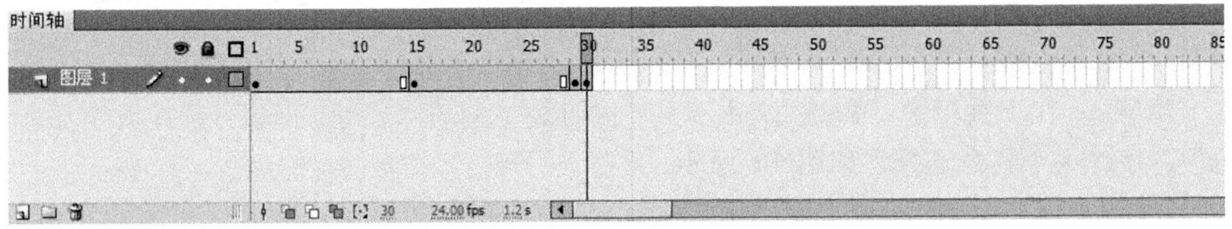

图 5-2　Flash 关键帧

(2) 空白关键帧：空白关键帧就是指关键帧里没有任何内容，在时间轴上显示为白色圆点。如图 5-3 所示。

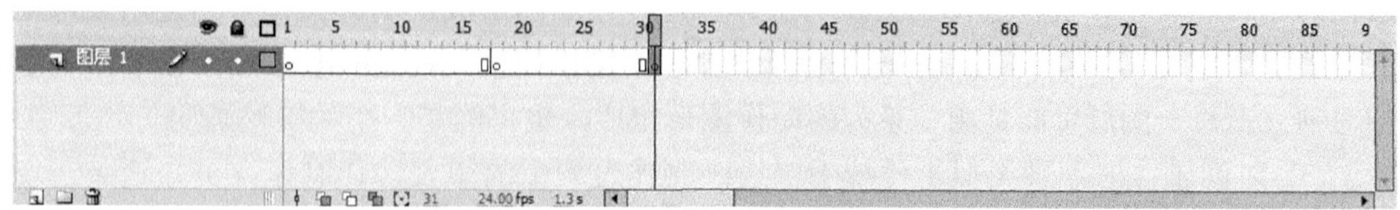

图 5-3　Flash 空白关键帧

打开 Flash 软件，并新建一个文件。

步骤 1：新建 Flash 文档。如图 5-4 所示。

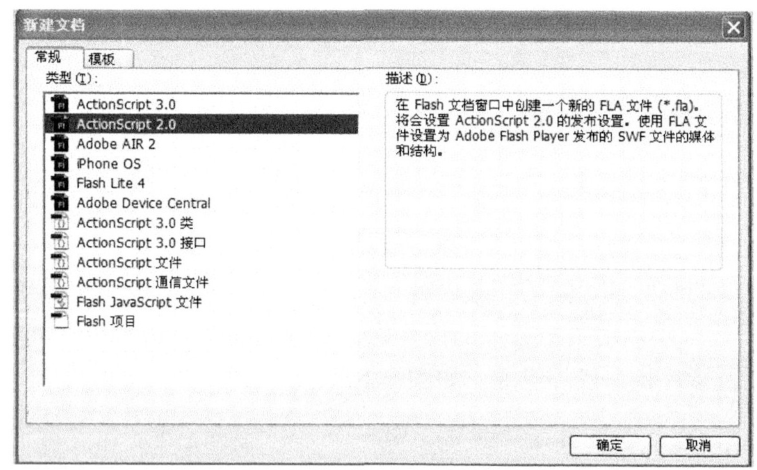

图 5-4　新建 Flash 文档

步骤 2：单击图 5-4 所示的“确定”按钮，在打开的“时间轴”面板上单击“插入图层”按钮，新建 Flash 图层。如图 5-5 所示。

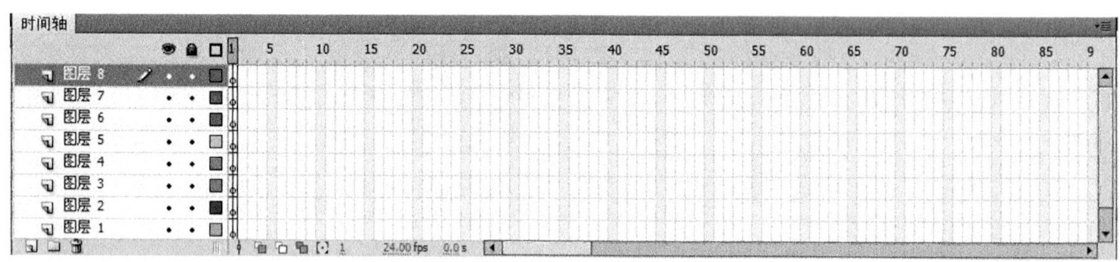

图 5-5　新建 Flash 图层

步骤 3：在工具箱中，单击“文本工具”按钮，打开“属性”面板，设置颜色为“红色”，字体大小任意选择。如图 5-6 所示。

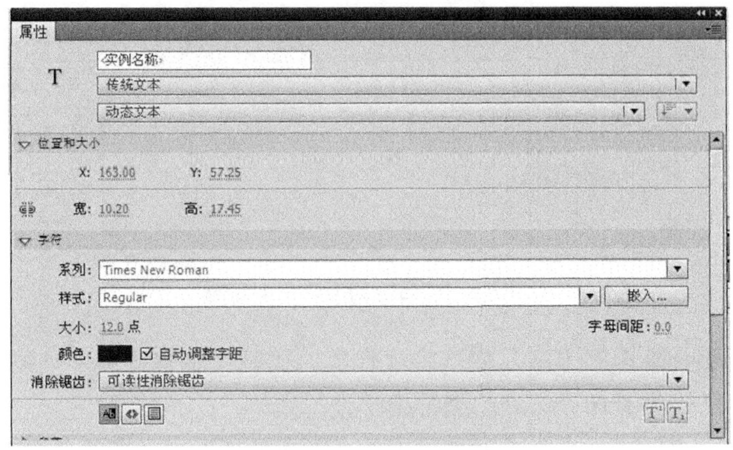

图 5-6　文本属性参数设置

步骤 4：设置好文字属性后，选择图层 1，并在舞台上输入“现”。效果如图 5-7 所示。

图 5-7　输入文字

步骤 5 ：依照上面的方法，在图层 2 中输入“代”；在图层 3 中输入“教”；在图层 4 中输入“育”；在图层 5 中输入“技”；在图层 6 中输入“术”。效果如图 5-8 所示。

图 5-8　输入其他文字

步骤 6 ：选中图层 1 中的文字，执行“修改 | 转换为元件”菜单命令。在弹出的“转换为元件”对话框的“名称”文本框中输入“现”，并选择元件类型为“图形”。如图 5-9 所示。最后单击“确定”按钮。

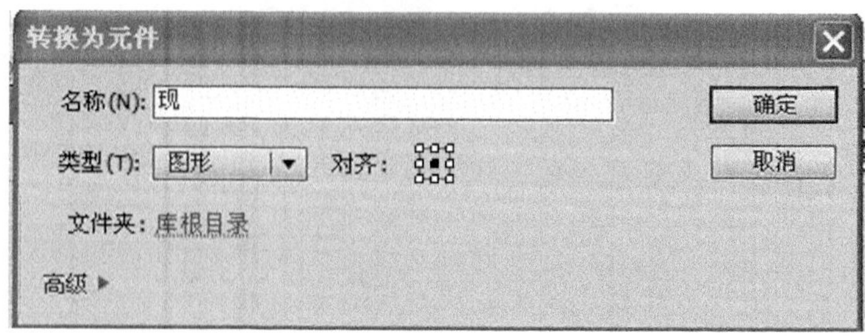

图 5-9　“转换为元件”对话框

步骤 7：依照步骤 6 的方法，依次将“代”、“教”、“育”、“技”、“术”转换为图形元件。打开如图 5-10 所示的“库面板”。

步骤 8：如图 5-10 所示的使用工具箱中的“选择工具”，将舞台上的文字全部选中。

步骤 9：执行“窗口 | 对齐”菜单命令，在弹出的“对齐”面板中，单击“垂直居中分布”按钮和“水平居中”按钮。如图 5-11 所示。

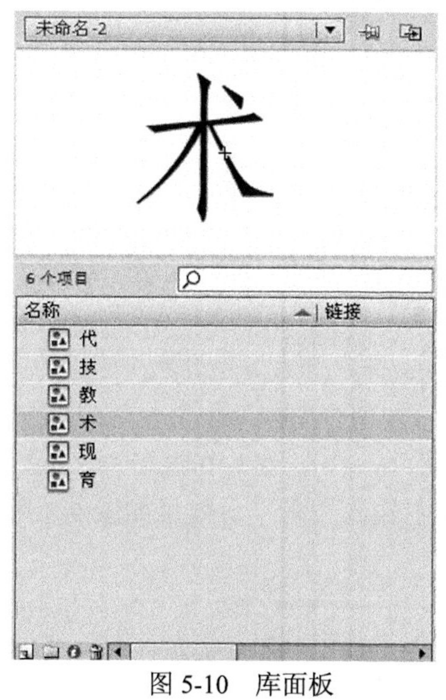

图 5-10　库面板

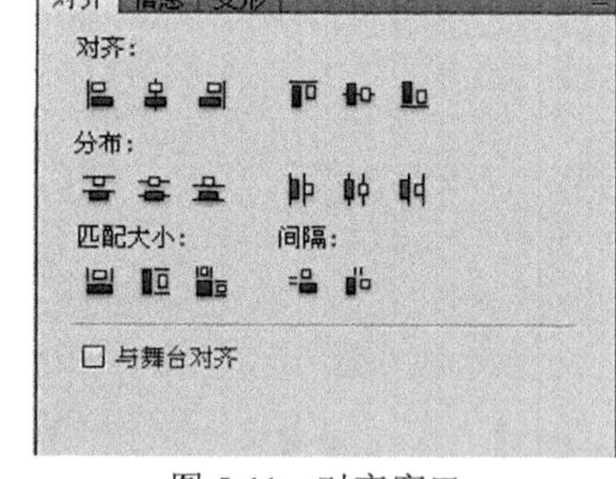

图 5-11　对齐窗口

步骤 10：选中图层 1 到图层 6 的第 15 帧，按 F6 键插入关键帧。如图 5-12 所示。

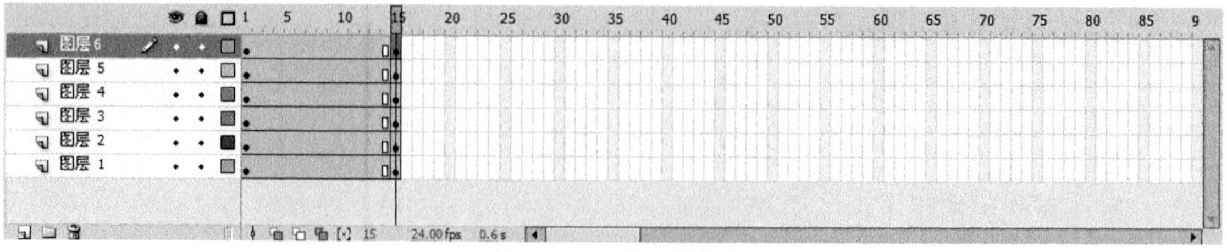

图 5-12　插入关键帧

步骤 11：再选中所有文字，执行“属性”菜单命令，在打开的“属性”面板的“色彩效果”的“样式”下拉列表框中选择 Alpha 选项，并在后面的文本框中设置为“0%”。如图 5-13 所示。

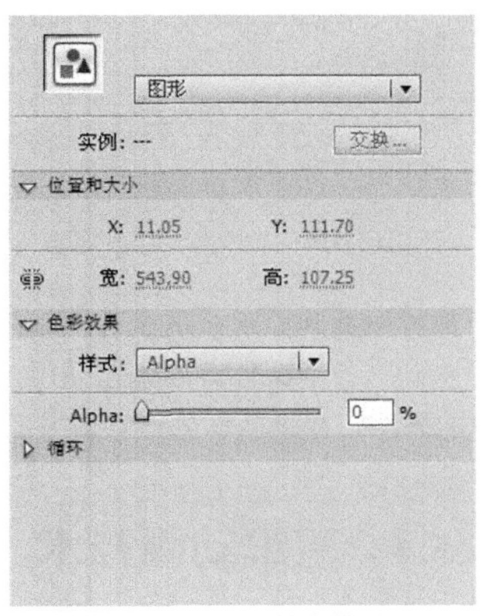

图 5-13　图形属性参数设置

步骤 12：选中图层 1 至图层 6 的第一帧，单击鼠标右键，在弹出的快捷菜单中执行“创建传统补间”命令。

步骤 13：选中图层 2 的所有帧，按住鼠标左键不放向右移动，与图层 1 的动画帧错开 5 帧。如图 5-14 所示。

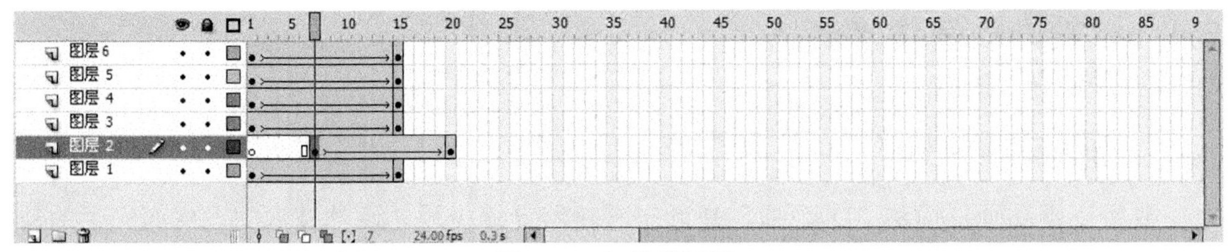

图 5-14　调整关键帧

步骤 14：依照步骤 13 的方法，依次将每一层的帧向后移动并与相邻下一层错开 5 帧。如图 5-15 所示。

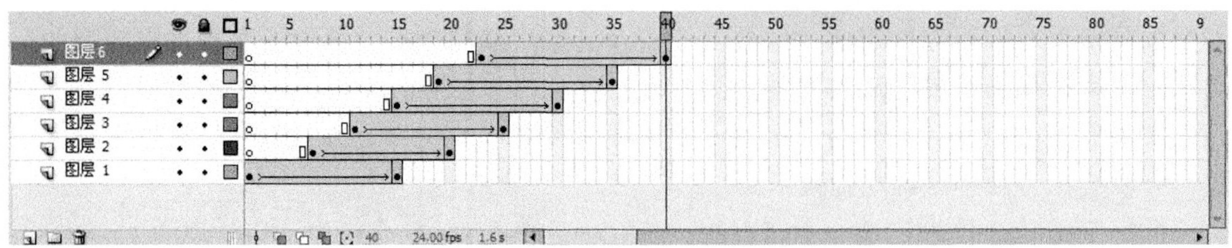

图 5-15　依次调整关键帧

步骤 15：如图 5-16 所示，选中图层 1 至图层 8 的第 65 帧，按 F5 键插入帧，将动画播放时间延长。按下 Ctrl+Enter 组合键进行预览。

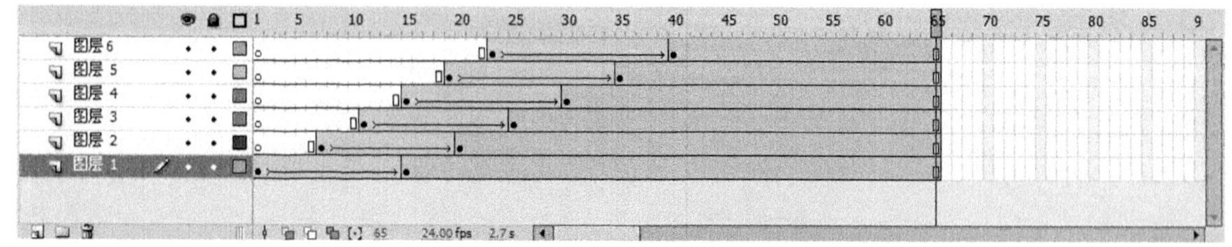

图 5-16　时间轴上各图层时间差

本例包含了动画制作的全部流程及其原理：基于时间轴的组件属性变化，如位置、颜色、透明度等，构成了动画的基础。教学课件有的也在使用 Flash 动画技术来制作，是一种可以用动感表现被说明对象的方法，在吸引学生注意力方面是值得大力提倡的。

5.4　三维动画技术

在众多动画类型中，最具魅力的当属三维动画。与二维动画相比，三维动画除了拥有二维动画中上下、左右的运动效果外，还能展现前后(纵深)运动和视点改变的效果，增加了立体感和空间感，更符合现实世界的状况。而数字三维动画无疑是三维动画中的佼佼者，因为数字技术可以创作出世界上没有的视觉效果。

5.4.1　三维动画技术概述

1. 数字三维动画概述

数字三维动画，简称 3D 动画，是近年来随着计算机软、硬件技术的发展而产生的新兴动画制作技术及其成果的代名词。通常人们常说的“三维动画”有两种指向：一是指用计算机制作的、三维立体的动画视觉作品；二是指用来制作三维立体动画的计算机技术。

计算机三维动画的获得是通过三维动画软件在计算机中建立一个虚拟的世界，并通过计算机的运算将虚拟世界还原成视觉的画面。在此过程中，设计师要在这个虚拟的三维世界中按照要表现的对象的形状尺寸建立模型及场景，简称建模；再根据要求设定模型的运动轨迹、虚拟摄影机的运动和其他动画参数；然后按要求为模型贴上特定的材质，并打上灯光；最后就可以让计算机自动运算，生成最后的画面。这一过程中用到的方法和技术手段，可以统称为数字三维动画技术。

数字三维动画技术还是一个新兴的、正在发展的技术，具有虚拟和模仿现实的精确性、真实性和无限的可操作性等特性，被广泛应用于医学、教育、军事、娱乐等诸多领域，尤其是影视和游戏等方面。

在影视制作方面，三维动画技术与数字视频技术的结合给观众带来了耳目一新的、完美的视觉效果。第一部三维动画故事片由迪斯尼在 1982 年完成，《TRON》包含了大量的角色动画。到了 20 世纪 90 年代，由于软、硬件技术的发展，几乎所有好莱坞大片中都有三维动画的痕迹，如 1991 年的《终结者 2》、1993 年的《侏罗纪公园》，就连《阿甘正传》这样完全真人表演性质的电影都有三维动画特性的烙印。

在游戏中，也逐渐引入三维动画技术。三维动画技术在游戏中的作用一般有两个方面：其一，游戏角色和场景的建设和还原；其二，游戏中过渡情节场景或游戏片头的视频制作。20 世纪 90 年代中期以前，PC 和电子游戏几乎是二维技术的天下，但随着 PC 机硬件的发展，三维游戏已经占据了大部分市场份额，其应用环境也从单机扩展到网络和手机等环境上。如《古墓丽影》、《雷神之锤》、《极品飞车》等经典三维单机游戏，以及现存网络流行的《传奇》、《天下》、《征途》等无不闪烁着三维的光芒。

2. 数字三维动画的制作流程

数字三维动画技术是利用相关计算机软件，通过三维建模、赋予材质、模拟场景、灯光和摄像镜头、创造运动和链接、动画渲染等功能，实时制造立体动画效果和可以乱真的虚拟影像，将创意想象为可视画面的新一代影视及多媒体特技制作技术。如前文所述，动画的制作过程可以分为 4 个阶段：总体规划阶段、设计制作阶段、具体创作阶段和拍摄制作阶段。对于三维动画而言，总体规划和设计制作这两个阶段可统归为前期制作阶段。

前期制作阶段，在影视动画艺术范畴的三维动画和平面动画没有区别。而对于游戏中的三维动画角色和场景的建设而言，同样也要经历该阶段。在这个阶段，动画创作者需要创意、策划、预算、创作剧本、设计分镜头、角色、机械造型和场景等。创意、策划、预算和剧本等程序通常是决策层的事情，不涉及视觉范畴；而分镜头、角色、机械造型和场景等设计，则需要有经验的动画设计人员甚至工业造型、环境艺术专业人员的参与。在这些阶段不涉及三维技术，是以手绘为基础的创意视觉化过程。

具体创作阶段则是利用计算机和三维动画软件进行具体实现的一个过程。在此过程中，计算机中三维图像的获得类似于雕刻，摄影布景及舞台灯光的使用，在三维环境中控制各种组合。

作为一个完整的三维作品制作过程至少要经过 3 步，即造型、动画和绘图。

(1) 造型

造型是利用三维软件在计算机上创造三维形体，称为建模。如制作三维的人物、动物、建筑、景物等造型，即设计物体的形状。最简单的方法是使用图形造型。图形通常是简单的三维几何形体图像，附带在软件的命令面板中。这些立方体、球体、网柱体、圆锥体、金字塔形体等图形能够结合在一起，在不同的修改命令下可以产生更为复杂的物体形状。然后通过不同的方法将它们组合在一起，从而建立复杂的形体。

另一种常用的造型技术是先创造出二维轮廓，然后采用旋转、拉伸等方法将其拓展到三维空间。或者通过放样技术，用二维样条曲线作为造型的骨架，利用表面的修改编辑功能，将基本面片依附在造型骨架上，形成复杂的面片模型，从而创造出立体图形。

更复杂的建模方法还有很多，这里就不逐一列举了。由于造型有一定难度，工作量大，因此市场上有许多三维造型库，从自然界的小动物到宇宙飞船，应有尽有，直接调用它们可以提高工作效率，也可以为经验不足的新手提供方便。

(2) 动画

动画就是使各种造型运动起来，获得运动的画面和效果。为了使它们动起来，需要时间要素，为三维立体的静态造型引入第四维的属性。有了时间的属性，工作人员可以不断地改变目标的动作、虚拟摄像机的位置、灯光的方向和强弱，甚至还可以改变构图，包括近景、中景、远景、特写、大小范围、方位、节奏和旋转等一系列手段来获得变化的画面。在改变目标的动作和状态时可以通过计算机中的鼠标键盘调节模型，也可以用传感器去捕捉真实演员的动作表情，再将其赋值于三维模型，以获得逼真的、连贯的动作状态。

在非数字化动画制作中使用的许多技术可以移植到计算机上。如三维动画制作过程中制作人员同样需要定义出关键帧，其他中间帧交给计算机去完成，这就使人们可以做出与现实世界非常一致的动画。如好莱坞大片很多镜头是用计算机合成，人们却无法分辨。不像传统的动画片，由于是手工绘制，帧与帧之间没有过渡，看到的画面是不断跳跃的卡通片。

(3) 绘图

绘图包括贴图和光线控制，相当于二维动画制作过程中的上色过程。造型确定了物体的形状，质地则确定了物体表面的形态，那么贴图则是确定物体表面形态的过程。大多数三维动画制作软件程序拥有一系列材质，可以从中选择并应用于物体，也可以按照自己的需要，制造不同的材质。

和真实世界一样，不同的物体之所以看起来不同，是因为有一些不同因素影响的结果。这些因素包括颜色、亮度(物体反光程度)、色调(物体表面阴影的明暗)、投影(周围环境在物体表面的投影)、透明度。贴图时原始材质的这些因素都可以在三维软件中做出相应的调整，组合形成多种方式，产生任何想要的效果。

灯光是三维动画制作的重头戏。三维软件提供了方便设置灯光的功能，但设置的合适与否将直接影响动画的最后效果。对三维动画的新手来说，照亮景物是整个三维动画创作中最具挑战性的工作之一。既要保持合适的景物基调，又要照亮景物，还要调整、渲染、营造动画气氛，这需要长时间的实践和不间断的试验。

如果是制作影视三维动画，那么在此之后应该还有一个渲染的过程，即将设置好的场景和动画输出成视频片段或 Tga 图像序列。后期加工阶段对应传统动画中的拍摄制作阶段，这一阶段同样是为了获得最终的成品而对素材片段进行编辑、配音、合成等具体工作。

制作三维动画，特别是三维动画片需要大量时间，为了获得更高的效率，通常将一个项目分为几个部分，分工协作是十分重要的。

3. 三维动画的类型

三维动画制作需要考虑的因素很多，如画面中物体本身的大小、位置、形状，物体相对于虚拟摄像机的角度位置等的变化，而且在获得相同的画面效果时，也可能用到不同的三维动画技术。三维动画生成基本类型包括以下几种。

(1) 几何变换动画

几何变换动画，也称为“刚体动画”，是通过对场景中的几何对象进行移动、旋转、缩放的几何变换操作，从而产生动画的效果。其特点是几何对象是自身大小或在场景中的相对位置发生变化，而本身形状并未改变。可采用的技术有关键帧技术、指定运动轨迹的样条驱动技术、实现几何对象间精确的相对运动的反向动力学技术等。

(2) 变形动画

变形是一门节点的动画技术，是通过物体节点序列的变换矩阵来实现的。它具有优良的多线程运算能力，支持多处理器的并行运算，丰富的建模和动画能力，出色的材质编辑系统。

目前，我国 3ds Max 的使用人数大大超过了其他软件。如图 5-17 为 3ds Max 的主界面。3ds Max 提供了两种全局光照系统，并且都带有曝光量控制、光度控制灯光及新颖的着色方式来控制真实的渲染表现。3ds Max 也拥有最佳的 Direct 3D 工作流程(可以使用 Direct X)，使用者可以自己增加实时硬件着色，并且可以非常容易地将作品通过贴图渲染、法线渲染、光线渲染及支持 Radiosity 的定点色烘焙技术。

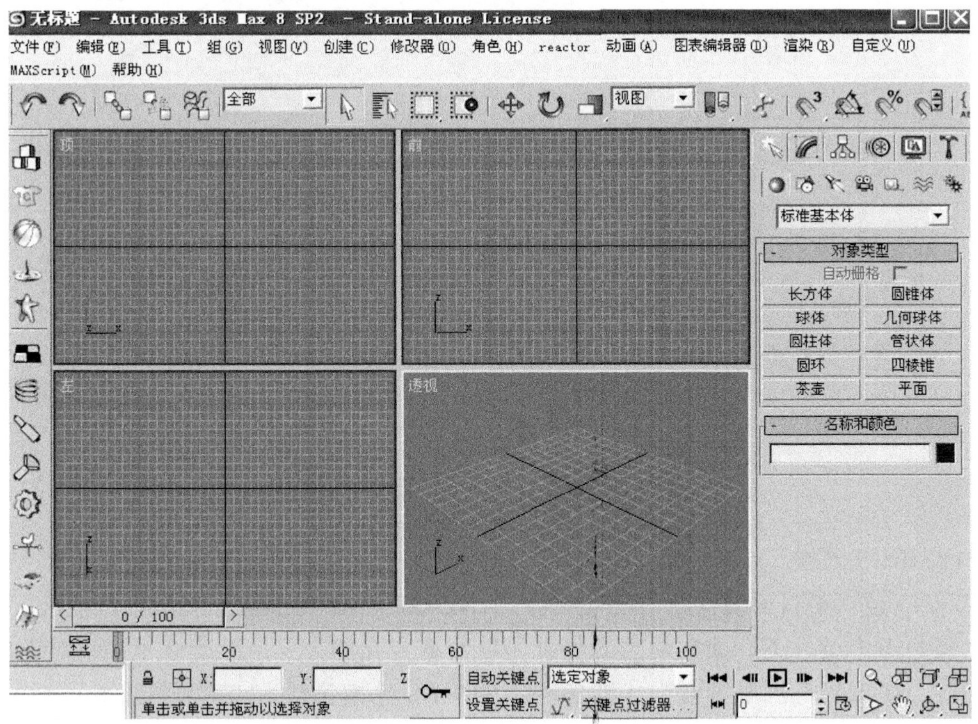

图 5-17 3ds Max 的主界面

4. 三维动画软件中的基本概念

三维动画软件中的基本概念除了制作流程中的建模、动画和绘图(贴图与灯光)外，还有一些软件概念。

(1) 三维视图

三维视图是计算机三维动画软件中的一个重要概念。在此技术的支撑下，动画设计师可以从各个角度来审视和修改自己创建的“雕塑作品”。通常而言，在任何屏幕上的某一具体时刻都只能看到二维的图像，因为设计师与屏幕的角度是不能改变的。那么如何使设计师能像雕刻家那样看到作品的各个角度呢？唯一的方法就是改变设计对象的角度。在计算机屏幕上为了能够改变设计造型的角度，引入 Z 轴的概念。

三维软件中的三维视图一般分为 4 个显示窗口，分别是前视图、顶视图、左视图和透视图。一般前视图、顶视图和左视图中的 Z 轴不能旋转，只能看到物体模型的某一侧面。而在透视图中可以旋转，方便创作者从各个角度审视。如图 5-18 所示为不同视图的视觉效果。

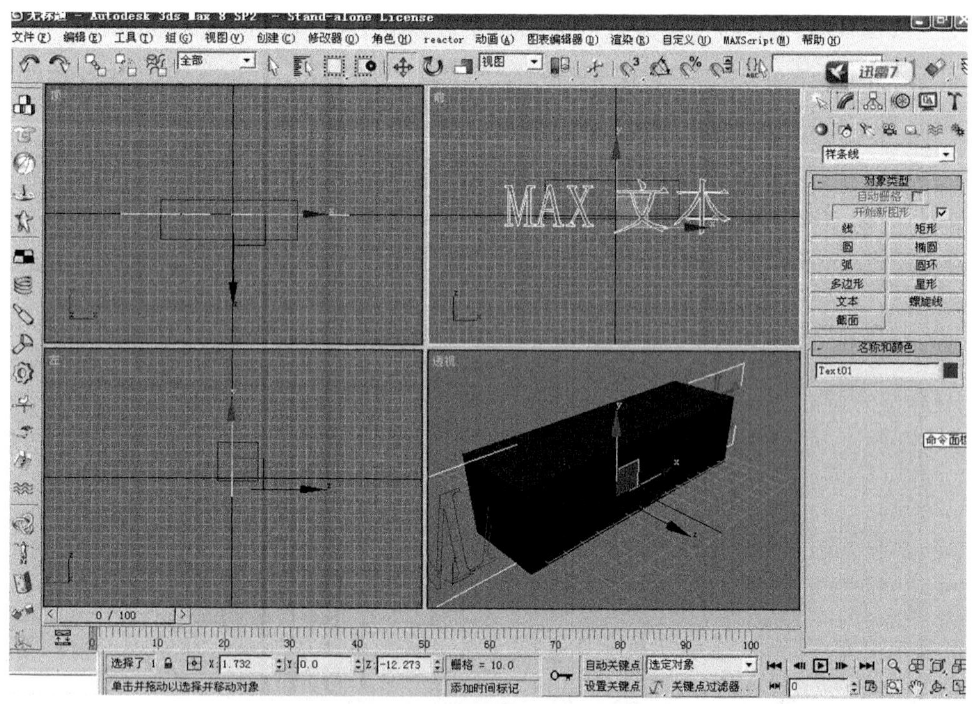

图 5-18　3ds Max 不同视图的视觉效果

(2) NURBS 建模

NURBS 建模是目前最受欢迎的建模方式。NURBS(Non-Uniform Rational B-Splines)是指非统一有理 B 样条。NURBS 建立的物体是以线数定义的方式，准确性很高，对于复杂曲面的物体，如人物、汽车等有很大的优势。NURBS 建模包括 NURBS 曲线工具和 NURBS 曲面工具。

(3) Polygon 建模

Polygon(多边形)建模是在三维制作软件中最先发展的建模方式。使用 Polygon 建立的模型都是由点、边、面 3 个元素组成的。对点、边、面这 3 个元素进行修改，就可以改变模型的形状。只要有足够多的多边形，就可以制作出任何形状的物体。不过随着多边形数量的增加，系统的运算性能也会下降。

5.4.2　三维动画制作实例

人们在利用 3ds Max 进行实际创作的过程中，很多已有的优秀图片可以作为 3ds Max 场景的背景，但遗憾的是，在 3ds Max 中作为背景的图片是无法被 3ds Max 再进行编辑的，因此这种预设的图片虽然好，却不能根据需要将 3ds Max 场景自然地融合到背景图片中，这无疑给 3ds Max 的创作带来了诸多不便，增加了作品设计的工作量与复杂性。为此，本节详细介绍 Matte/Shadow 材质的功能，并通过实例介绍利用 Matte/Shadow 材质背景融合的方法。

下面结合一个实例提出，如何利用 3ds Max 中“无光/投影”(Matte/Shadow)材质解决上述问题。

1. 设置场景的背景

单击“渲染”菜单中的“环境”命令，弹出“环境与效果”对话框，选择需要的图片，效果如图 5-19 所示。

图 5-19　背景图片

2. 制作 3ds Max 场景

下面制作一个空中飘动的彩色热气球的场景。

(1) 在 TOP 视图中建立一个八角的“星形”图形。

(2) 在“修改”面板的“编辑器列表”中单击“编辑样条线”，在选择集中选择“顶点”按钮，将星形的所有顶点转换为“平滑”类型，以作为放样气球的截面，在 TOP 视图中建立一条直线，作为放样的路径如图 5-20 所示。

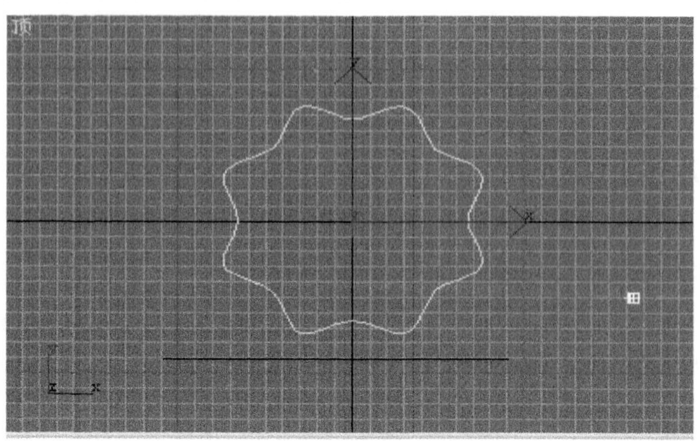

图 5-20　放样气球的截面与路径

(3) 以星形为截面、直线为路径进行放样，然后利用修改器面板下方的“变形”卷展栏中的“缩放”(Scale)按钮，修改代表路径的样条曲线。

(4) 在气球下面制作吊篮。在 TOP 视图中建立一个细长的长方体，然后再复制 3 个，创建一个圆柱体，调整至气球的正下方，并连接至气球物体，作为热气球的子物体，如图 5-21 所示。

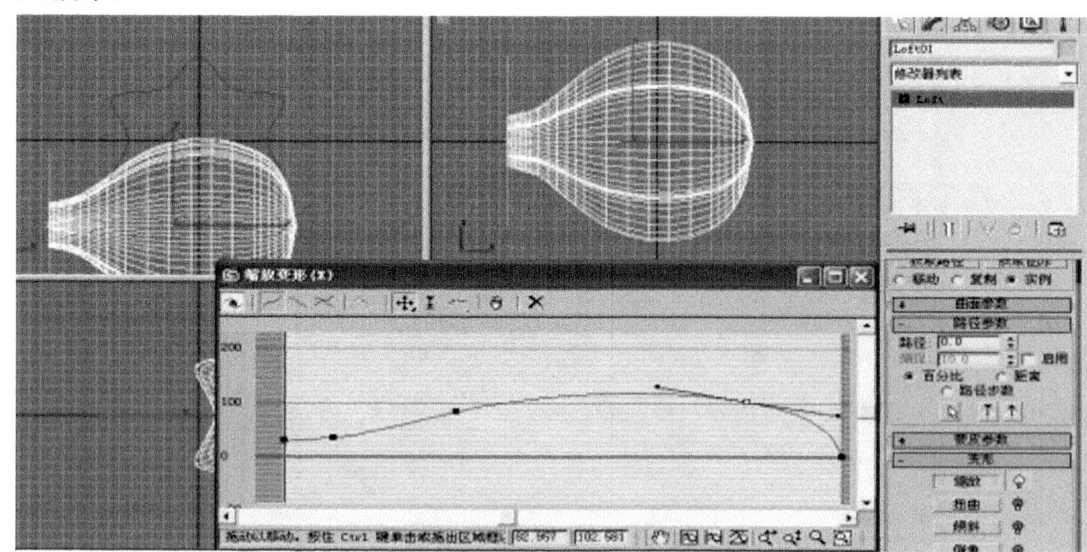

图 5-21　“缩放变形”对话框

(5) 为热气球设置“多维/子对象”材质。打开“材质编辑器”，激活第一个示例窗，单击工具行下的“标准材质”(Standard)按钮，在打开的对话框中双击“多维/子对象”材质，在“多维/子对象材质基本参数”卷展栏中设置子材质的数量，这里设置了红、绿、蓝、黑和白 5 种不同颜色的子材质。将这 5 种子材质分别赋予热气球的不同部分，效果如图 5-22

所示。

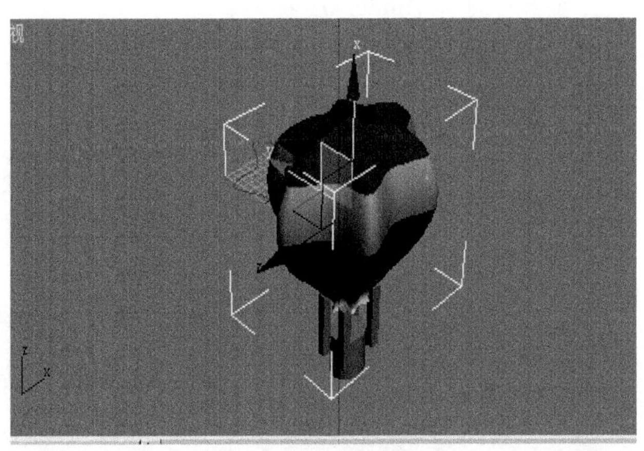

图 5-22　彩色的热气球

3. 场景与背景融合

如果直接将图片作为背景，那么空中飘拂的气球在地面产生的阴影将无法与背景中地面相结合。为此，可采用“无光/投影”材质解决此问题。

(1) 建立“无光/投影”材质。打开“材质编辑器”，激活第二个示例窗，单击工具行下的“标准材质”(Standard)按钮，在打开的对话框中双击“无光/投影”材质，回到材质编辑器。

(2) 设置“无光/投影材质基本参数”(Matte/Shadow Basic Parameters)。在“无光/投影材质基本参数”卷展栏中，勾选“接收阴影”复选框，调整阴影亮度。本文为了使阴影效果明显，将阴影的亮度设置为 0.4。

(3) 建立接收阴影的物体。建立一个半径较大、高度很小的圆柱体 Cylinder 01，目的是用于接收热气球投射在沙滩上的阴影。再分别建立一盏目标聚光灯 Spot 01 和一部目标摄影机 Camera 01。调整 Cylinder 01、Spot 01 和 Camera 01 的位置，最终位置如图 5-23 所示。

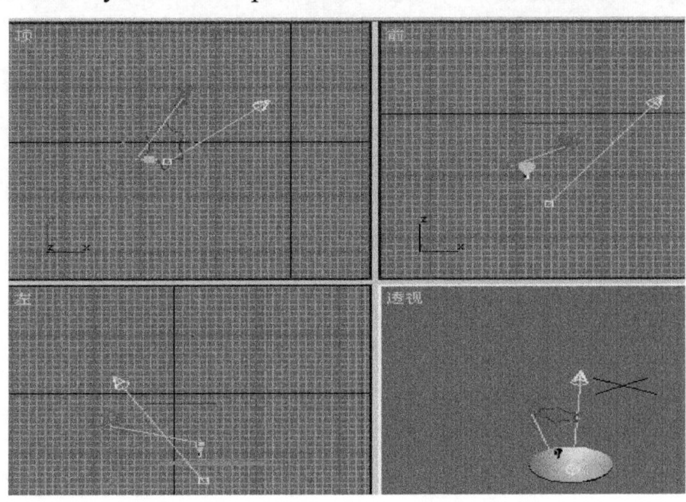

图 5-23　圆柱体、灯光、摄影机位置

(4) 将“无光/投影”材质赋予 Cylinder 01 物体。

(5) 单击“渲染”中的渲染命令进行渲染。如图 5-24 所示为阴影与背景结合的效果图，如图 5-25 所示为阴影与背景没有结合的效果图。

图 5-24　阴影与背景结合

图 5-25　阴影与背景没有结合

从图 5-24 与图 5-25 的比较中可以看出，图 5-24 中的热气球在海边沙滩上的阴影(黑色圆圈部分)与背景图片结合得特别真实，而且用于接收阴影的圆柱体是不可见的，它的存在是不会对背景图片产生任何影响的，其作用就是为了产生阴影效果。

“无光/投影”材质还可以与“多维/子对象”材质配合使用，给某一对象的某个部分赋予“无光/投影”材质，模拟该对象被背景中的高山、楼宇等物体遮挡的效果，也可以实现类似遮罩的效果。

5.5　数字动画技术的应用

5.5.1　数字动画的应用领域

近年来，随着计算机动画技术的迅速发展，数字动画的应用领域日益扩大，带来的社会效益和经济效益也不断增长。计算机动画在现阶段主要应用于以下几个领域：电影业、电视片头和电视广告、科学计算和工业设计、模拟、教育和娱乐以及虚拟现实和 3D Web 等。

1. 电影业

计算机动画应用最早、发展最快的领域是电影业。在电影业方面的应用其一就是动画影片的制作。如《虫虫危机》(The Bugs)、《怪物公司》(Monster)、《海底总动员》(Nemo)、《超人总动员》、《花木兰》、《埃及王子》、《千与千寻》等脍炙人口的三维和二维动画影片，都是计算机动画的结果。

数字动画的电影业应用其二是数字特效，也就是人们口头上常说的"电脑特效"。计算机生成的动画特别适用于科幻片的制作，如《终结者 II》中的液晶机器人。由于采用了计算机动画技术，电影才产生了爆炸性的效果，从而获得当时世界上最高的票房收入。另一部电影《侏罗纪公园》(Jurassic Park)将一亿四千万年以前的恐龙复活，并同现代人的情景组合在一起，构成了活生生童话般的画面。在这部电影里一共出现了 7 种不同的恐龙。这些恐龙一部分是用模型，一部分是用三维动画制作而成的。

现在，几乎所有的好莱坞导演们都痴迷上计算机特效这一新鲜技术，只要是能称得上力作，几乎都有计算机动画特效的痕迹。我国的计算机动画正迈着前进的步伐，如我国第一部三维动画科教片《宇宙与人》一片中就采用了大量的三维动画片段。我国的电影事业随着经济建设的飞速发展和社会的全面进步，必将更多地采用计算机动画技术。

2. 电视片头和电视广告

1990 年 9 月，我国成功地举办了第十一届亚洲运动会。中央电视台在亚运会期间的专题报道中指出了，用计算机动画技术制作的"亚运会片头"，使我国广大观众第一次享受到崭新的视觉效果。这也是我国第一个由计算机制作的动画片头。

在电视节目中，使用计算机动画技术最多的是电视广告。计算机动画能制作出精美、神奇的视觉效果，给电视广告增添了一种奇妙无比、超越现实的夸张浪漫色彩。既让人感到计算机造型及其表现能力的极为惊人之处，又使人自然地接受了商品的推销意图。当然重要的还在于创意，只要人们的头脑想得出来的，计算机就能制作出来。

3. 科学计算和工业设计

利用计算机动画技术，可以将科学计算过程以及计算结果转换为几何图形或图像信息，并在屏幕上显示出来，以便于观察分析和交互处理。计算机动画已成为发现和理解科学计算过程和各种现象的有力工具，也叫“科学计算可视化”。在一些复杂的科学研究和工程设计中，如航天、航空、大型水利工程等，资金投入巨大，一旦有失误，所产生的损失往往是难以弥补的。因此，利用计算机动画技术进行模拟分析，从而达到设计可靠的目的。

计算机动画在工业设计方面也越来越受欢迎。已有的计算机设计主要减轻了人们的脑力劳动，如绘图和计算等，而采用计算机动画的设计则为设计人员提供了一个崭新的电子虚拟环境，借此可以使人们将产品的风格、可制造性、功能仿真、力学分析、性能实验以及最终产品在屏幕上显示出来，并可以从不同的视角观察它；同时，还可以改变光照条件、调整反射、折射等各种因素，进行各种角度的观察。如果产品很大，还可以透视到内部，观察物体的内部结构和细节。图 5-26 所示，显示了 3D 设计的汽车模型。

图 5-26　3D 设计的汽车模型

4. 模拟、教育和娱乐

计算机动画第一个用于模拟的商品是飞行模拟器。这种飞行模拟器在室内就能训练飞行员，模拟起飞、飞行和着陆。飞行员在模拟器里操纵各种手柄，观察各种仪器，透过模拟的飞机舷窗就能看到机场跑道、地平线以及其他在真正飞行时看到的景物。

计算机动画在教育方面有着广阔的应用前景。有些基本概念、原理和方法需要给学生以感性上的认识，在实际教学中有可能无法用实物来演示。这时借助计算机动画把各种表面现象和实际内容进行直观演示和形象教学，大到宇宙形成，小到基因结构，无论是化学反应还是物理定律，使用计算机动画都可以淋漓尽致地表现出来，还可以利用计算机三维或二维动画来实现实验仿真。

另外，计算机动画在网络游戏、文化娱乐等方面也有着广阔的应用前景。基于 PC 的三维游戏正在不断增加，其中角色和场景的制作也离不开三维动画技术。而基于手机或掌上游戏机类的客户端中的游戏，则多是基于二维动画技术支撑的。

5. 虚拟现实

虚拟现实是利用计算机动画技术模拟产生的一个三维空间的虚拟环境系统。借系统提供的视觉、听觉甚至触觉的设备，“身临其境”地置身于这个虚拟环境中随心所欲地活动，就像在真实世界中一样。

5.5.2　我国动画及其产业的发展趋势

动画是深受广大群众喜爱的精神产品，发展动画产业对于振兴民族文化，发展文化产业，巩固我国的文化安全都有着深远的战略意义。一些专家指出，我国目前的动漫产业不仅是一个新的经济增长点，更是意识形态领域的一个重要阵地。积极推动中国动漫产业的发展，努力提升中国原创动漫能力，不断增强中国化产业的国际竞争力，具有极其深远的战略意义和重要的现实意义。我国政府非常重视动漫产业的发展，并从去年开始相继推出了系列发展动漫产业的政策。

目前，国产动画片的制作朝着良性方向发展，动画制作公司的生产热情正在升温。近年来，首个“国家动漫游戏产业振兴基地”在上海诞生，在随后几年里，整个国家崛起了多个动漫产业基地。

我国的动漫产业链正在不断完善，依托中国国际动漫节等大型活动，产业上、下游之间互动互惠的格局正在形成。

第6章　多媒体课件制作技术

【学习目标】

(1) 理解多媒体课件的概念和教学功能、设计原则，掌握多媒体课件制作的一般要求和制作过程。

(2) 理解多媒体素材的分类及特点，掌握多媒体课件素材的采集制作方法。

(3) 掌握 PowerPoint、Authorware 等课件制作工具的使用方法和技巧，以及运用这些常用的课件制作工具制作多媒体课堂和网络教学课件。

6.1　多媒体课件概述

多媒体课件是近年来出现的用于教师课堂教学和学生网络学习的一种新型学习载体，是以计算机为平台的，利用数字处理技术，按照教师的教学设计，将视频、音频、文本等多媒体信息集成在一起，以实现对教学材料的存储、加工、传递、演示的计算机软件。

6.1.1　多媒体课件的教学功能

在现代教学的课堂上以及在教学网站上，多媒体课件几乎无处不在，在学生的学习中发挥了重要作用。一般来说，多媒体课件具有如下几个特点。

1. 图文声像并茂，优化学习环境

多媒体课件图文并茂，内容丰富多彩，能够更好地构建学生的学习环境。同时多媒体课件对于教学内容全方位的阐述，更能激发学生的学习兴趣，发挥学生的主动性，真正体现学生的认知主体的作用。

2. 交互性强

多媒体课件由文本图形图像、动画、声音、视频等多种媒体信息组成，所以可以调动学生的多个感官参与学习，可以激发学生的兴趣和提高学习积极性。同时，有些多媒体课件还可以通过学习者输入相关信息的方式参与学习，提高了学生的参与程度，教师也可以

及时获取反馈信息，适当调整教学内容。

3. 丰富的信息资源，扩宽了学生的知识面

多媒体课件提供大量的多媒体信息资料，创设了丰富有效的学习情境，不仅利于学生对知识的获取和保持，而且大大扩宽了学生的知识面。

4. 超文本结构组织信息，提供多种学习路径

超文本是按照人的联想思维方式非线性地组织管理信息的一种先进的方法。学生按照这样的结构重新组织信息，便于构建个性化的知识结构，有利于自学和创新精神的培养。

6.1.2 多媒体课件的类型

随着多媒体教学的普及，广大教师、学生、商家开发了大量的多媒体课件，种类很多，可以从多个角度进行分类。

1. 根据使用环境进行分类

根据使用环境的不同，多媒体课件可分为单机环境、网络教室环境和多媒体教室教学投影环境。

2. 根据使用对象进行分类

根据使用对象的不同，多媒体课件可分为助学型、助教型和教学结合型。

(1) 助学型(学生自主学习型)。助学型多媒体课件的主要使用者是学生。此类多媒体课件充分考虑学生使用的有效性，具有完整的知识结构，能反映一定的教学过程和教学策略，提供相应的形成性练习供学生进行学习评价，并设计友好的界面方便进行人机交互活动。利用个别化交互学习型多媒体教学软件系统，学生可以在个别化的教学环境下进行自主学习。

(2) 助教型。助教型多媒体课件可以辅助教师更好地完成课堂教学任务。

(3) 教学结合型。教学结合型多媒体课件兼顾教师与学生两者使用的课件。

3. 根据内容与作用进行分类

根据内容与作用的不同，多媒体课件可分为课堂演示型、学生自主学习型、模拟实验型、复习型、教学游戏型和资料工具型。

(1) 课堂演示型。这种类型的多媒体课件一般来说是为了解决某一学科的教学重点与教学难点而开发的，注重对学生的启发、提示，反映问题解决的全过程，主要用于呈现教学内容(如教师上课的提纲等)和课堂教学演示。通常是在多媒体教室通过投影屏幕展示给学生的，因此课件要直观，文字要清晰，尺寸比例要大，而且要按照教学思路逐步深入地展开教学内容。此类课件通常由学科教师本人完成，多数使用 PowerPoint 工具开发。

(2) 学生自主学习型。这种课件利用软件工程的设计思想，从某种意义上也可以称为

多媒体教学软件。

(3) 模拟实验型。这种类型的多媒体课件借助计算机仿真技术，模拟某种真实的情景，提供可更改参数的指标项，当学生输入不同的参数时，及时给出相应的实验结果供学生进行模拟实验或探究学习。

(4) 训练复习型。这种类型的多媒体课件主要是通过提出问题的形式，训练、强化学习某方面的知识和能力。课件的内容在安排上要分为不同的等级，逐级上升，根据各级目标设计题目的难易程度，使用者可以选定训练等级进行学习。这种类型的课件通常应用于习题测试、英语单词记忆等方面。

(5) 教学游戏型。这种类型的多媒体课件与一般的游戏软件不同，它是基于学科的知识内容，寓教于乐，通过游戏的形式，教会学生掌握学科的知识并提高学习能力，引发学习兴趣，是一种非常有前景的多媒体课件。常用于语言类学习，多用于儿童学习，如步步高点读机等。

(6) 资料、工具型。资料工具型教学软件包括各种电子工具书、电子字典以及各类图形库、动画库、声音库等，这种类型的教学软件只提供某种教学功能或某类教学资料，不反映具体的教学过程。

6.1.3　多媒体课件的结构

1. 课件结构的定义

课件结构是课件中各教学信息的逻辑化和程序化关系及教学控制策略的组合，一般由两个部分组成。一是教学信息单元之间的逻辑关系或先后顺序，它受知识体系的内在关系制约；二是教学控制策略，受学习者认知规律所制约。知识系统的逻辑关系与学习的认知策略之间往往相互影响，只有根据教学任务和需求将知识信息的呈现顺序与学习者的认知规律结合起来，才能组成相应的课件结构。课件结构可以根据教学的需要进行设计，它们体现着特定的教学思想、学习理论、教学任务和教学内容。任何课件都要根据教与学的需要来组织信息内容的呈现顺序以及教与学的控制策略。因此，可以认为，在教与学的控制策略的制约下，信息单元之间形成的特定关系便是课件结构。

2. 与课件结构相关的概念

与课件结构相关的概念有超文本、超媒体、节点、链等。

(1) 超文本。超文本(Hypertext)实际上是指超文本结构，它是相对于早期课件内容之间线性链接而言的一种结构。超文本结构就是在一页(屏)文字中插入一些“链”指向其他页(屏)的文字内容，这些“链”之间关联的若干页(屏)之间便形成一个网状的信息组织结构。

(2) 超媒体。超媒体(Hypermedia)是在超文本结构的基础上发展起来的，它是一种不仅以文字的形式表示信息，还可以用图形、图像、音频和视频等媒体元素来呈现信息的技术方式。初期的超文本虽然实现了信息节点间的网状链接，但仍以文字为主。后来随着多媒体技术的发展，在计算机上实现了多媒体方式的信息处理和表达，故被称为超媒体。

(3) 节点。节点是指课件中表达信息的一个单位。节点中表达信息的媒体可以是文本、图形、图像、音频、视频，甚至可以是一段计算机程序。

(4) 链。链是指一个信息节点到另一个信息节点之间的连接。这种连接常被看成超文本结构的本质。若是单从技术层面上讲，课件结构就是节点之间“链”的组合。

3. 多媒体课件的结构

从不同的角度来观察，多媒体课件有不同的结构特征。下面就从课件总体结构、内容结构、信息结构以及控制结构 4 个角度来分析多媒体课件的结构。

(1) 多媒体课件的总体结构

这里就课件的外在表现的结构加以说明。从总体上看，多媒体课件很像一本书或一部带有交互性的电影，由一页一页或一幅一幅的画面组成，在多媒体课件中称之为一帧一帧的框面。根据这些帧的表现顺序，分为封面、扉页、菜单、内容、说明(帮助)和封底 6 个部分。

- 封面：运行课件时出现的第一幅框面，一般呈现制作单位的名称或课件的总名称，常以几秒钟的视频动画形式表现。
- 扉页：封面后的下一个框面，常呈现课件的名称，一般由一个框面组成。
- 菜单：就像一本书的目录，供学习者选择学习内容之用。可以存在多个菜单。
- 内容：这是课件的主要框面部分，呈现教学内容。
- 说明(帮助)：为了帮助使用者使用课件，课件中应该设计帮助信息的框面。
- 封底：呈现制作课件的人员名单的框面。

一个完整的多媒体课件应该由上述 6 部分框面组成。

(2) 多媒体课件的内容结构

多媒体课件是教学内容与教学处理策略两大类信息的有机结合。具体地讲，应该包括以下内容。

- 向学习者展示的各种教学信息。
- 用于对学习过程进行诊断、评价、处理和学习引导的各种信息。
- 为了提高学习积极性，创造学习动机，用于强化学习刺激和学习评价的信息。
- 用于更新学习数据、实现学习过程控制的教学策略和学习过程的控制信息。

课件内容的一种标准化的结构形式是由引入、指导和练习 3 部分构成。

(3) 多媒体课件的信息结构

多媒体课件是用于传递信息的工具，在多媒体课件中使用了多种符号表现教学信息，包括文本、声音、图形、图像、动画、视频。

(4) 多媒体课件的控制结构

当前多媒体课件中较常采用的内容控制结构方式可归纳为以下几种：树状性结、网状结构、复合结构。

- 线性结构：学生按顺序接受信息。从上一帧到下一帧，是一个事先设置好的序列。

- 树状结构：学生是沿着一个树状分支形式展开学习活动的，该树状结构由教学内容的自然逻辑关系形成。
- 网状结构：也就是超文本结构，学生的学习活动在内容单元间自由航行，没有预置路径的约束。
- 复合结构：学生的学习活动可以在一定范围内自由航行，但同时又受主流信息的线性引导和分层逻辑组织的影响。

6.1.4　多媒体课件设计的原则

在多媒体课件的设计过程中，要遵循教育性原则、科学性原则、技术性原则和艺术性原则。

1. 教育性原则

(1) 要充分体现教学规律

设计制作多媒体辅助教学课件，必须以教学大纲为依据，并根据教学目的与要求，发挥多媒体图文并茂、形声并举的优势来表达教学内容，最后用多媒体计算机实现交互性的运行来实施教学。多媒体课件应能对学生获取知识、发展能力、培养品德和促进健康起到良好的教育作用，有益于学生的个性发展。为了体现教学规律，应注意以下几个方面的问题。

- 教学目的要明确。既然多媒体课件是依照教学大纲编制的，就应该首先明确教学目的。为什么要编制这个课件，教学中要解决什么问题，希望达到什么目标，编制者要心中有数，有的放矢。
- 重点难点要突出。必须根据教学大纲的要求，围绕教学中的重点、难点或关键性的问题来设题立意。要充分发挥多媒体的优势，采用恰当的表现方法，将复杂问题或难点问题简单化，并在如何消化、接受和理解上下工夫。
- 教学形式要灵活。多媒体辅助教学具有传统教学方式所无法比拟的优势，其课件设计要灵活多样，要用图、文、声、像交替地表现教学内容，突出教学内容的主体。
- 教学对象要有针对性。多媒体课件是为特定的教学对象设计制作的，其内容的选择和阅读的难易确定要有明确的针对性。要考虑到应用此课件的学生的年龄特点、知识层次水平和智力的实际情况，切忌追求形式上的时髦和视听感受上的新鲜。

(2) 要充分运用认知心理规律

- 语义层网络。语义层网络的概念源于认知心理学的长时记忆模型理论，是知识的一种表征方式。语义层网络的每个节点代表一个对象、概念或一种情景，节点之间的连线表示节点的关系。多媒体课件的信息结构应是类似于语义层网络的树状、网状或复合的非线性结构，它们可以把各知识点之间的上下位概念关系、从属关系、并列关系等层次组成清晰地反映出来。

在多媒体课件的设计中，可以依照语义层网络原理，将知识之间的逻辑层次作为主信息流表示出来，能够对学生的学习起到引导作用。学生也可以任意改变学习顺序，自由选择其中的任意节点进行学习，无须一页一页地查找要学的内容。这种以时间和空间为主要线索来反映知识的结构，即形成了联想式的超媒体结构，它非常符合学生的联想、跳跃的思维方式。再加上通过文字、图形、图像、声音、动画、视频等多种媒体形式呈现知识信息，创设了情景，提供了丰富的语境信息，既促进了学生对语义信息的理解，又调动了学生的学习积极性，符合学生的认知心理。

总之，以语义层网络来实现多媒体课件的结构，改变了学生逐行阅读的习惯，拓宽了学生的视觉广度和认知广度，语义层网络结构便于学生发现式的主动学习；生动的视觉元素可以启动情绪机制，有利于知识的内化和深化，使学习变得轻松而容易。

- 记忆规律。记忆规律表明，学生加工信息时要受到信息特性、学生自身的经验及需求诸因素的影响。

学生记忆的效果与教学内容的性质有关，教学信息如果新奇有趣，易于形成独立而清晰的记忆痕迹，使学生能够轻松地记忆。对于新奇的语义信息，其记忆的效果明显优于一般的语义信息。多媒体课件的设计要充分运用这一规律，一方面突出教学内容中已有的形式新颖的信息；另一方面将重点内容运用色彩、闪烁或动画等技术使之与其他信息区别开来，或用热键、热区等方式，增强其呈现方式的新奇感和趣味性。

学生记忆的效果与学生自身的需要有关，涉及学生自身的利益、荣誉等有关信息和对学生情绪有正面激励作用的信息，学生的关注程度高，投入大，更易于学生轻松地记忆。多媒体课件要精心设计反馈练习，对学生已掌握的内容及时强化，给予强烈的、积极的评价性语言，从而唤起学生的荣誉感；对学生没有掌握的知识点，评价性和提示性语言应是鼓励性的，背景音乐不要太夸张，最好将结论的推理过程呈现出来，以便学生对照检验，充分体现多媒体的优势。

- 认知容量与速度。人的短时记忆是以组块为单位的，一个组块内的信息总量是变化的。学生在加工处理信息时，将其重组或再编码，组合为一些有意义的组块单位。美国著名的认识心理学家米勒通过实验证明，个体能够在短时记忆中保留的信息的组块数是 7 ± 2，这就是短时记忆的容量。学生的年龄大小、信息媒体的形式都对认知速度有直接影响。

多媒体课件的设计中，要将语义信息、语境信息进行合理的组合，其呈现数目要适合学生的记忆容量。如内容过长，则应该按一定基准进行有目的的组块；如在空间距离上，相邻的、时间先后顺序相接的、外观形状上相似的、语义信息上相关的一些内容，都容易被学生组块为有意义的记忆单位。以文本显示为例，一般有换页式、移动式、滚动式和快速序列视觉呈现式等，显示时间可以自由控制。一般情况下，字数不宜过多，若条件允许可将多而长的文字采用分段、块状、移动、滚动的方式呈现。若采用快速序列视觉呈现，则要考虑窗口或面积的大小，面积过大，阅读速度、记忆效率都会随之下降。

多媒体课件在内容呈现速度上，要考虑学生的年龄特征，低年级的课件的呈现速度应低一些，知识点要少而精，可利用多媒体的优势，用图像、动画、视频等媒体多角度、多重编码呈现教学内容；在知识的广度上延伸，扩大知识面，以产生积极的联想和想象；精心设计视觉信息，为学生提供丰富的视觉表象，形成通过视觉特征直接转换的加工方法，训练学生提高加工速度。

(3) 要充分突出启发性教学

多媒体课件的启发性设计以启发式教学原则为指导，其最终目的是获得更好的教学效果，开发学生的创造力。

- 兴趣启发。采用易于引起学生兴趣的视听表现形式，激发他们的求知欲望，把他们的注意力和思维活动引导到教学过程中来。例如引导参与，让学生身临其境，积极投入教学过程；设置悬念，刺激学生的好奇心和求知欲等都是比较好的方法。
- 比喻启发。作为教学设计中一种常用而有效的表达策略，比喻可以变抽象为具体，化深奥为浅显。多媒体课件设计中要更多地利用视听表现手段的直观形象，使比喻变得更加生动，从而启发学生的联想、分析、综合、抽象、概括等思维活动，促进学生更有效地学习。
- 对比启发。通过对比，使学生能在认真思考之后，分清是非，辨明正误，启发学生的思维，加深对知识的理解，使学生获得更好的学习效果。
- 设题启发。根据教学内舍，在课件中适时地、恰当地设置一些富有启发性的问题，充分调动学生的学习积极性，启发其积极思考，并及时强化。启发性问题的设置，可诱发其创造性思维，培养、锻炼其思维的灵活性、发散性、求异性和独创性。
- 留白启发。通过画面留白或解说留白，给学生的思维活动留有必要的空间和时间。画面留白要在画面简洁、主体突出的基础上，在画面组接上产生一个“空白”，可采用画面的虚化、定格、淡入、淡出等手法，给学生思维、回味的余地；解说留白的处理应让解说少而精，在问题的结论处留有足够的时间间隙，让学生思考，达到此处无声胜有声的境界。

2. 科学性原则

教学过程不单单是向学生传授科学知识，更应注重培养学生科学的方法。而传授科学知识的每一个过程里，也无时不体现出方法的重要性。在多媒体课件的设计中，应根据不同学科的具体情况，准确地阐述科学知识，并将科学的方法渗透始终。

(1) 知识的科学性

- 体系严谨。首先要制定明确的教学目标，教学内容的深度、广度要与教学目标相适应；课件要把教学内容的概念、原理及应用等按其逻辑顺序合理编排；课件的体系结构要完整，脉络要清晰，层次要分明，思路要流畅：定义的表达、原理的推证、公式的导出、现象的描述要科学严密、无懈可击。
- 内容规范。概念、原理、定律要表达准确，阐释、引申正确无误：语言、文字规范；模拟示范要准确，操作程序要规范；图、文、声、像要有较高的真实感和可信度，要反映事物发展的内在规律，不要因片面追求图像的漂亮、辞藻的华丽、声音的动听、色彩的艳丽而破坏其真实感，牺牲其可信度。

- 形式新颖。教学内容的表达形式要新颖多样，不落俗套；对本学科的教学内容进行充分的优化，使之更加充实而具体；选用教材的例证和逻辑推理要具有典型性和代表性，利于激发学生的思维，具有举一反三的效果；能用正确的方法解决与本课件相关的实际问题。
- 通俗简明。语言、文字应通俗易懂，既不要拗口或晦涩，也不要过于流俗或直白；内容寓意要简明扼要，力求在符合真实感和准确性的前提下，将抽象的问题形象化，深奥的问题浅显化；视听元素要突出其直观性，尽量少用含蓄的手法，使学生易于接受、理解和记忆。

(2) 方法的科学性

- 比较与分类方法。通过对比来找出事物之间的异同及关系的逻辑方法称为比较。人们认识客观事物，大多是通过比较实现的。比较能够帮助学生从事物的本质特征及事物间的相互联系来把握事物，从而在理解的基础上掌握知识；分类则是在比较的基础上把事物分成不同种类或等级的逻辑方法。分类方法可以把大量无序的知识内容系统化、条理化，形成知识的逻辑体系，便于知识的理解和掌握。
- 归纳与演绎方法。根据大量已知的事实总结出一般性结论的逻辑推理方法称为归纳，归纳是从特殊到一般的推理方法。归纳的逆向思维方法称为演绎，这种方法在提出假说、预测未知等方面具有很好的功效，应用归纳和演绎方法可以高效率地提炼主题、找出重点、突破难点。
- 分析与综合方法。分析是把所研究的事物分解为若干部分，把复杂的问题分解为若干因素，把复杂的过程分解为若干步骤，然后逐次研究并揭示其本质和规律的逻辑方法。分析的逆向过程是综合，它是把所研究的各个相互联系的部分、因素等联系为一个整体进行研究的逻辑方法。
- 演示与实验方法。演示和实验是教学过程中不可缺少的重要环节，是一种最有效的教学方式，演示和实验可以使学生获得多方面的能力。在多媒体辅助教学中，学生虽然不能亲自动手实际操作，但通过对现象的观察及操作程序的练习，可以引导其积极思维，激发其创造力。
- 模拟与仿真方法。模拟与仿真是一种新型的科学方法和手段。在多媒体教学中，利用多媒体计算机可以构建一种逼真的视听空间，通过直观的形象，帮助学生理解和掌握复杂的概念和原理，从而增强教学效果。当然，真实性是模拟与仿真的前提，它必须符合科学原理及事物的发展规律。

3. 技术性原则

多媒体课件设计水平的高低，技术上的因素十分重要。要在课件的视觉表现、听觉表现、运行环境、操作界面等方面充分考虑其技术性要求。

(1) 视觉元素的技术性

对视觉元素的具体要求有：画面清晰稳定，构图均衡合理，色彩清新明快，画面播放流畅。

- 画面清晰稳定。过渡流畅，既要充分发挥画面组接手段的作用，又不能滥用技巧。要使画面无扭曲、无抖动、无闪烁、无跳跃等。
- 构图均衡合理。在充分表达主题内容的前提下，做到主体突出，画面均衡，结构合理，视点明确，虚实得当，动静结合，错落有致，富有节奏。
- 色彩清新明快。要充分发挥多媒体色彩丰富的优势，但不可滥用色彩，以免给人眼花缭乱的感觉。色彩搭配要使主体相对突出，但又不能使其对比过于强烈，要给人以清新明快的色彩感受。
- 画面播放流畅。由数字摄像系统及相关的制作系统获得的视频动态画面，或由计算机产生的一系列连续画面组成的动画，其播放效果要考虑人的视觉心理和生理规律。一般应达到每秒 25～30 帧，才能获得流畅的视觉感受。

(2) 听觉元素的技术性

对听觉元素的具体要求有：解说清晰准确，音响恰当逼真，配乐紧扣主题，声音组合协调。

- 解说清晰准确。语言规范，与教学内容同步。语调亲切、语速适中、音色优美的解说能给学生以亲切感和启发性。
- 音响恰当逼真。音响效果作为一种声音信息，在课件中起着渲染气氛、创设情景的作用，它可以帮助学生丰富感知，建立表象，增强真实感，扩大表现力，发展想象力。
- 配乐紧扣主题。配乐作为一种富有艺术表现力的形象化语言，可以烘托环境、渲染气氛、调节情绪、刻画意境、组接画面。
- 声音组合协调。作为听觉元素的有机组成部分，解说、音响、配乐各有其功能，解说词要达意，音响声要写实，音乐声要传情。这里面最主要的是解说，其次是音响，最后才是配乐。配乐一般只是解说的必要补充，当配乐出现在解说之前时，起着交代环境、描绘景象的作用；音乐出现在解说之后，则延伸了解说的语意，表达了解说难于表达的意境；配乐与解说同时出现时，配乐音量不要过高，情绪上要与解说协调一致。

(3) 运行环境的技术性

多媒体课件运行环境的要求是：运行可靠，适应性强；易于操作，可控性好。

- 运行可靠，适应性强。要做到课件的开发环境与运行环境无关。
- 易于操作，可控性好。在多媒体课件的运行中，要根据教学内容的需要，通过简单操作，顺利完成一些控制，如：能连续自动地按顺序播放全部教学内容；能针对个别化教学需要，有选择地播放指定的教学内容；对重点和难点，能进行反复循环播放；在教学需要暂时中止时，能暂停课件播放，并可按任意键继续；教学过程结束时，能及时返回上一级菜单；展现某一变化过程细节时，能进行逐帧播放；针对某个教学重点逆行重播，能进行定帧播放等。

(4) 操作界面的设计

对多媒体课件的操作界面的设计要求是：操作简便，界面合理。

- 操作简便。在设计多媒体课件时，要考虑使用课件的师生多是非计算机专业人员，尽可能把启动和运行设计得简单些。课件的安装程序不要设计得太复杂，最好是程序自动安装，甚至是无需安装、直接运行或自动运行。程序操作时最好能使用鼠标和键盘双重操作且互相兼容。为方便课件各个层面的操作，课件还应设置必要的在线帮助、提示信息。
- 界面合理。在课件设计中，操作界面应设计得生动直观、使用方便、易于掌握。多设计一些图标、按钮、菜单、关键字、热区等交互功能元素，通过键盘、鼠标、触摸屏等实现顺序操作、分支选择、问题解答、翻页及滚屏等交互操作，使操作者能轻松完成学习过程。

4. 艺术性原则

(1) 认知过程与审美心理

审美心理体现在学生的感知、情感、理解、想象等活动之中。

- 感知。感知是人们理解和想象的基础，包括感觉和知觉。当学生对某些色彩、画面或声音加以感受时，会不经意地从中获得愉快的感觉，这些便是美感的基础和出发点。
- 情感。伴随着人们的知觉活动可以产生知觉情感，在一种自然和谐的状态下得到的知觉情感便有了审美的意义。人们的审美情感其实就是在其意志、思想、想象等各种心理要素活动起来以后达到的兴奋状态。
- 理解。审美的理解有 3 个层面。首先是把生活中的事件、情节、感情与艺术中的事件、情节、感情以及审美态度区别开来，然后是对审美对象的题材、技巧、程式等方面的理解，最后，也是最重要的，是把握形式中融入的“意味”的直观性。
- 想象。一般审美活动中首先是知觉的想象，即面对美丽的自然风光或动人的艺术作品，愉快的心境与之融合时，激发出来的想象活动；审美活动中的更高境界的想象是创造的想象，它是通过大量的观察和丰富的经验，以无数次感知为基础，加上人们的情感和才干方能产生的。

(2) 课件设计的艺术处理

一个好的教师既是一名演员，又是一名导演。其讲课过程和教学方法充满了艺术美，使学生获得充分的艺术享受。对于精心设计的多媒体课件，其艺术美应以形象美、色彩美、声音美、语言美等表现形式贯穿始终。

- 形象美。按照审美心理规律和教学原则，把抽象的科学概念、原理等知识，运用艺术手段转化为图文并茂、妙趣横生的教学内容。这便是形象美。形象美包括图形美和色彩美，主要表现在画面构图等方面。不论画面构图的主体对象是什么，其准确、规范、鲜明、真实性是第一位的。作为科学内容与艺术形式的完美结合，画面构图必须符合审美规律，应做到画面艺术形象协调完整、主题突出。

- 色彩美。色彩美是艺术美的重要组成部分。色彩美可以使学生在学习过程中获得美的享受，在美的陶冶中提高情趣，得到更好的感知和理解。色彩美与教学内容密切相关。根据教学意境，该明快的明快，该低沉的低沉，应用不同色调表现不同的主题和内容，创设不同的意境，塑造不同的形象。
- 声音美。声音美包括音乐美和语言美。音乐美最能激发和表现人们的情感，它是运用音响的节奏和旋律来塑造形象的艺术表现手段。在多媒体课件设计中，应充分发挥音乐的艺术魅力，用美妙的音乐陶冶学生的情操，让学生在美的旋律中探求知识的奥秘。同时，恰当地使用音响又能增强画面形象的表现力和真实感，有利于学生认识客观事物的内在规律。
- 语言美。语言美主要体现在解说中。作为一种艺术语言，解说具有形象的思维特征，它可以补充画面的内容。生动形象、准确精炼的解说，在让学生正确地理解教学内容的同时，也可以启发他们的想象力。语言美还表现在解说技巧的美，语调抑扬顿挫，声音娓娓动听，使学生受到强烈的感染，在注意力高度集中的情况下获得更多的知识。

多媒体课件的设计与开发要符合教学原理，运用教学设计方法进行教学目标与教学内容的确定、学习者特征的分析、媒体信息的选择、知识结构的设计以及诊断评价的设计等。

6.1.5　稿本的编写

多媒体课件设计工作完成后，应在此基础上编写出相应的稿本，作为制作多媒体课件依据。规范的多媒体课件稿本，对保证软件质量水平、提高软件开发效率具有积极的作用。因此，多媒体课件的稿本编写，是多媒体课件研究和开发工作中的一项重要内容。由于多媒体课件的设计主要包括教学设计和软件的系统设计，所以分别用文字稿本和制作稿本两种形式进行描述。文字稿本应在系统分析阶段完成，确定立项以后，即由项目负责人内容专家(有经验的学科教师)联合编写给出，它是今后各步工作的主要依据。通常情况下，课件进行项目分析和教学设计的过程也就包括了文字稿本的编写过程，或者说，文字稿本是对课件项目分析和教学设计结果的文字表述。

在完成了对课件的教学设计和软件系统结构设计以后，应该由专门的稿本编写人员按设计阶段的思想和原则并结合计算机的编程技术把由内容专家提供的文字稿本改写成软件制作稿本，以实现教学思想、教学经验与计算机技术的统一和结合。

6.1.6　多媒体信息编辑加工

开发人员根据稿本的安排，收集、创作完成多媒体课件所需要的各种媒体素材，如文本编辑、录音、创作乐曲、扫描图像、制作动画、影像采集等，并以一定的格式存储文件。

采集素材时应注意以下几点：

(1) 如果已有多媒体素材库，如光盘素材，或以前自己收集和制作的资料，应尽可能从中寻找，取出所需的素材。如果只有部分满足要求，可借助一些工具软件进行剪辑和修改，这样会加快课件开发速度，提高制作效率。

(2) 如果找不到所需素材，但在某些相片、画册、教科书、录像带、VCD、录音带中，则可用扫描仪扫描图片，用视频采集卡采集影像，用声卡采集音频，进而再通过工具软件进行编辑。

(3) 对于无法找到或根本没有的素材，就需要进行创作。多媒体创作包括图像的绘制，声音的录制，动画的制作，影像的拍摄等。要实现这一目标，需要掌握一些多媒体创作的技术，也就是前面提到的信息技术技能。

6.1.7　多媒体课件的评价

多媒体课件编制完成后必须将课件投入到实际教学中进行试用和评价，在实际使用中发现的问题，反复修改，直到满意为止。最后，根据实际情况，可将数据量大的软件刻录成光盘，并设计光盘的封面，提供必要的操作指南等，进行推广应用和发行；或存储在相应的资源管理系统，以备再次利用；或者制成网络流文件，作为网络课件的一部分。

多媒体课件的评价属于学习资源或教学材料的评价范畴。对多媒体课件的评价不仅涉及教学设计思想、教学内容的安排、教学方案的设计意图等教育理论问题，而且涉及课件设计和制作方面的问题，涉及技术性、艺术性等问题，此外还需要考虑到课件制作和使用的经济性问题、课件运行环境问题等。关于多媒体课件的评价，我国学术界总结过所谓“五性”的编制原则，它们实际上也是评价多媒体课件的基本标准。

(1) 教育性：看其是否能用来向学生传递课程标准所规定的教学内容，为实现预期的教学目标服务。

(2) 科学性：看其是否正确地反映了学科的基础知识或先进水平。

(3) 技术性：看其传递的教学信息是否达到了一定的技术质量。

(4) 艺术性：看其是否具有较强的表现力和感染力。

(5) 经济性：看其是否以较小的代价获得了较大的效益。

多媒体课件的评价标准具有一定的相对性，随着时代的发展、技术的进步，这种标准也在不断更新，比如现阶段多媒体课件的评价指标中又增加了交互程度、界面导航设计等内容。

6.2　多媒体写作工具

早期多媒体课件的开发大多都依赖程序设计语言，编程设计使复杂而且工作量大，开发多媒体系统是专业程序员的专利。而多媒体写作工具的诞生不仅是普通的计算机用户能按照自己的意愿“编写”多媒体应用程序，而且还缩短了多媒体系统的开发周期。多媒体写作工具是用来集成、处理和统一管理文本、图形图像、声音、视频、动画等多媒体信息的编辑工具。用它开发的产品大多数是卡片式结构，用户可以把产品的内容分别以文本、图形图像、声音、视频、动画等不同类别的对象制作在一张张的卡片上，然后再在这些卡片上设定一些能够使它们之间互相联系起来的按钮、菜单等交互方式，通过系统的有机组织即可自动生成用户所需的产品，因此，使用多媒体写作工具开发多媒体系统，用户一般无须编程，只需按照有关约定将各种素材组织好即可。

6.2.1　多媒体写作工具的功能

一般情况下，多媒体写作工具具有以下功能。

1. 良好的编程环境

多媒体写作工具应该提供编排各种媒体数据的环境，即能够对各种媒体进行基本的操作控制，如循环、条件分支、数值计算、逻辑操作等。另外，还应包括对多种媒体信息编入程序、时序控制、调试和动态输入输出等方面的控制能力。

2. 超级链接能力

超文本技术的引入，使得超级链接能力得以实现。所谓超级链接是指从一个静态对象激活一个动作或跳转到另一个相关数据对象的能力。

3. 多媒体数据输入和输出的能力

目前，各种多媒体工具层出不穷，每个工具都有各自的数据存储格式，因此，作为一个多媒体写作工具应该具有处理各种媒体数据的能力，如输入 BMP、JPG、TIF、TGA、GIF 等多种位图文件的能力。

4. 用户界面处理和人—机交互功能

为多媒体系统的设计者提供在屏幕上连接、组合、调配媒体元素的能力，实现“所见即所得”的设计风格，即媒体元素的变化均在屏幕上立即呈现其效果。用户可任意改变屏幕画面的前景色和背景色，或重构画面，从而大大提高开发效率。创作工具还应提供多层次交互功能设计，使用户能通过人—机交互控制内容的呈现和信息流。

5. 应用程序的动态链接

多媒体写作工具应能够把外部的应用程序与用户自己创作的软件相链接，能由一个应用程序激活另一个应用程序，为其加载有关数据，然后返回第一个应用程序。同时，还能够进行数据的动态交换和嵌入。

6. 制作模块化和面向对象化

面向对象化是现代程序设计的时尚，而制作模块化是允许用户编程的独立片断模块化，使其能“封装”和“继承”，使用户能够在需要时独立使用。

7. 界面友好，易于学习和使用

多媒体写作工具的用户界面应多媒体化，方便且友善，具有高质量和高清晰度，在学习和使用上尽可能地简易化。

8. 良好的扩充性

多媒体技术发展迅猛，因此多媒体写作工具应能兼顾更多的标准，具有尽可能大的兼容性和扩充性，并能提供开放系统，便于用户扩充。

6.2.2 多媒体写作工具的分类

多媒体写作工具从不同的角度，有不同的分类方式。按照编辑媒体的方法，多媒体写作工具分为以下 4 类。

1. 基于图标的写作工具

在这种写作工具中，数据是以对象或事件的顺序来组织的，并以流程图为主干，将各种图形、声音、按钮等放在流程图中，形成完整的系统，构成流程图的基本元素就是图标。这类写作工具一般只完成多媒体素材的集成及组织工作，而把多媒体素材的处理交给其他软件来完成。这类写作工具的代表是 Authorware。这类工具的最大特点是易学易用、无须编程，适合非计算机专业人员使用。

2. 基于时序的写作工具

在这类写作工具中，数据或事件是以一个时间顺序来组织的，它的基本设计思想如同在日常生活中安排约会，用时间线的方式表达各种媒体元素在时间线上的相对关系，把抽象的时间观念可视化，这种工具实现同步比较容易，典型代表是 Flash、Director 等。

3. 基于页的写作工具

在这种写作工具中，文件与数据是用一叠卡片或书页来组织的。它提供了一种可以将对象链接与卡片或书页上的工作环境。每张卡片或每页就是数据结构中的一个节点，它类似于数据袋里的一张卡片或教科书中的一页，只是这种卡片或页面上的数据比教科书上的页面或卡片上的数据类型更多样，并且这些数据大多数是用图标来表示，使它更容易理解和使用。这类工具的超文本功能最为突出，特别适用于制作电子图书，典型代表是 PowerPoint。

4. 基于传统程序语言的写作工具

有编程经验的设计者，往往对多媒体创作工具的限制和依赖工具箱建立媒体对象的方式不易接受，而对于近年来在编程语言基础上发展起来的可视化编程环境却情有独钟。在可视化编程环境中，设计者既可用传统语言撰写程序，发挥自己的特长，又可借助开发好的文本绘图等工具箱，使这些工具箱内的编码(如绘图、按钮、窗体等)可直接取用，即成为可重用编码，较为轻松地进行多媒体应用程序设计，如 VB 和 VC++。

6.2.3　多媒体写作工具 Authorware 简介

Authorware 是美国 Macromedia 公司推出的当今世界流行的多媒体写作工具之一，自 1987 年问世以来，受到许多用户青睐。该工具采用了面向对象的设计思想，不但极大地提高了多媒体系统开发的质量与速度，而且使非专业程序设计人员进行多媒体软件产品开发成为现实。目前，它是许多企业、学校、软件产业开发、教育培训、多媒体电子出版物等的首选工具。本节以 Authorware 7.0 汉化版为例，介绍多媒体系统的制作。

1. Authorware 的功能特点

(1) 面向对象基于图标的创作方式。Authorware 为用户提供了直观的图标控制界面和“图标—流程线”式的设计方法，利用对各种图标的逻辑布局结构，来实现整个应用程序的制作，从而取代了复杂的编程语言。

(2) 跨平台体系结构。无论是在 Windows 或 Macintosh 平台上，Authorware 提供了几乎完全相同的工作环境，使得该软件可以非常方便地进行这两种平台移植的多媒体写作工具。

(3) 强大的交互方式。丰富的变量函数为 Authorware 提供了 11 种灵活得人—机交互方式，使得 Authorware 更加适用于开发交互式的教学系统。同时，Authorware 提供了对内容库 220 多个系统变量和 300 多个系统函数，从而使开发人员在开发多媒体软件时更加得心应手。

(4) 高效的多媒体集成环境。通过 Authorware 自身的多媒体管理机制，开发者可以充分利用各种格式的多媒体信息。同时，Authorware 提供了对内容库的管理，这就使庞大的多媒体数据信息独立于应用程序之外，不但减少了应用程序所占的空间，而且提高了效率。

(5) 最终产品脱离开发环境。Authorware 的产品最终可以完全脱离开发环境独立运行。它提供了两种脱离方式：一是常用的直接制作可在 Windows 下独立运行的可执行文件；二是制作成播放文件，并随着 Authorware 提供的播放器运行，也可以独立运行。

(6) 标准的应用程序接口。对于 Authorware 有特殊要求的用户而言，要扩展 Authorware 已有的功能，Authorware 也提供了相应的标准接口，使具有各专业编程知识的开发人员更加充分地发挥 Authorware 潜在功能。

(7) 结构化程序设计手段。Authorware 提供了专用的组图标，设计者可把流程线上的若干个图标划分为一组，用一个组图标表示，这样把整个程序划分为若干模块；同时它还提供了文件调用功能，可控制文件长度、优化程序运行。这些手段不仅简化了流程，层次清晰，而且还充分体现了软件“逐步求精”的思想。

(8) 信息实现了超链接。Authorware 提供了框架和导航图标，它们的作用就是用来实现信息的超链接。

(9) 面向 Internet 应用。为了减少网上用户的等待时间，Authorware 采用智能化知识流技术，能预测并在适当时间预先下载将要用的片断，并为主浏览器安装了一个合适的 Internet 播放器，无须用户干预，不需要特殊的播放器，用 ShockWave for Authorware，就可以很方便地在网上发布课件。

2. Authorware 操作界面

启动 Authorware 7.0 后，出现 Authorware 主界面，其中包括软件名、软件生产商名、注册信息等。等待几秒(或单击鼠标)，画面消失，出现“新建”对话框。该对话框用于为新文件选择知识对象。作为 Authorware 初学者，可单击取消按钮，进入 Authorware 7.0 工作界面。

Authorware 7.0 的工作界面主要由标题栏、菜单栏、工具栏、图表工具栏、设计窗口等组成。菜单栏包括 11 个菜单，分别是文件、编辑、查看、插入、修改、文本、调试、其他、命令、窗口和帮助。每个菜单都是某一类型菜单命令的集合，通过这些命令几乎可以完成 Authorware 的所有功能。

图标工具栏提供了 17 个图标，它们是 Authorware 系统的基本“控件”，由它们的有机组合构成用户程序。

设计窗口主要用来编辑流程图，即将不同的图标放在流程线上，指定位置，从而完成程序的逻辑设计。

3. 图标介绍

前面已经介绍，图标是 Authorware 的基本“控件”。它是流程线上“程序”的基本组成元素。

用 Authorware 开发多媒体软件的一般过程如下所示。

(1) 启动 Authorware，进入主窗口。

(2) 建立新文件。选择“文件 | 新建”命令。

(3) 设置文件运行环境。选择“修改 | 文件 | 属性”命令。

(4) 放置图标。在图标工具栏上选择图标，将其拖到流程线指定位置。

(5) 编辑图标。在图标中编辑处理多媒体对象(如显示内容、显示效果、擦除效果、设置参数等)。

(6) 试运行。选择“调试重新开始”命令 。保存文件。选择“文件 | 保存”命令。

(7) 文件打包。选择“文件 | 发布 | 打包”命令，弹出“打包文件”对话框，在其中进行设置即可。打包后的文件可以脱离原来运行环境而独立运行。

6.3　Authorware 对各种媒体素材的引入

文本、图形图像、声音、视频和动画是多媒体的基本信息表达元素。Authorware 不仅具有处理文本、图形图像的功能，而且支持声音、视频以及动画引入。

6.3.1　文本的引入

文本是多媒体素材中最基本、最常用的信息之一。文本主要通过显示图标来表示，在显示图标中可直接输入文字，也可通过多种方式引入文本。下面介绍 3 种引入文本的常用方法。

1. 直接输入文字

直接输入文字是指在演示窗口中运行工具箱中的文字工具输入文本。这是最常用的文本引入方法。

在流程线上放置一显示图标并命名，双击该图标进入其演示窗口。选择工具箱中的文字工具 A，单击演示窗口的任意位置输入文字。

输入完毕，选择工具箱中的箭头(指针工具)，光标还原，此时文本出现边缘控制点，即可将其任意移动位置。如需修改，从新选择工具箱中的文字工具 A，然后在要修改的文本处单击，即可回到编辑输入状态。

2. 通过剪贴板输入外部文本

当输入的文本是其他文件中文本的一部分时，可通过剪贴板将所需的文本粘贴到演示窗口中。在流程线上放置一显示图标并命名，双击该图标进入其演示窗口。打开 Microsoft Word 文档文件，选中所需的文字内容。将选中的内容剪切或复制到剪贴板中。返回 Authorware 界面，在显示图标的演示窗口中进行粘贴，出现“RTF 导入”对话框，在该对话框中选择是否忽略分页符以及是否使用滚动条显示方式，单击“确定”按钮。

3. 通过选择插入“OLE 对象”命令输入外部文本

当需要输入的文本内容较多时，可先在 Microsoft Word 中输入文字，然后通过导入文件的方法引入文件。在流程线上放置一显示图标并命名，双击该图标进入其演示窗口。选择“插入 OLE 对象”命令，弹出“插入对象”对话框，选中“由文件创建”单选按钮，选择需插入的文件，单击“确定”按钮。

6.3.2　图形图像的引入

Authorware 不仅在显示图标的演示窗口中提供了绘图工具栏，可以进行简单图形的绘制与编辑，而且还具有导入外部图形图像文件，将其作为作品一部分的功能。

1. 利用工具箱上的工具绘制图

该方法非常简单，操作方法与 Windows 中的画笔类似，如绘制椭圆。

2. 通过剪贴板输入图像

(1) 通过剪贴板不仅可以引入外部的文本，还可以引入图像。利用其他工具(如画笔)制作图像，然后将其剪切或复制。

(2) 在显示图标的演示窗口中粘贴即可。

3. 通过选择“插入｜图像”命令引入外部文件

(1) 在流程线上放置一显示图标并命名，双击该图标进入其演示窗口。

(2) 选择“插入｜图像”命令，弹出“属性：图像”对话框。

(3) 单击“导入”按钮，弹出“导入哪个文件”对话框，选择文件名。

(4) 单击“导入”按钮，即可插入图像。

6.3.3　数字视频的引入

虽然 Authorware 本身不能制作数字视频，但可以使用其他软件制作数字化视频，然后在 Authorware 程序中调用。常见方法包括两种：应用数字电影图标引入视频和应用知识对象引入视频。

1. 应用数字电影图标引入数字视频

应用数字电影图标引入视频的操作步骤如下所示。

(1) 在流程线上放置一数字电影图标，并命名。

(2) 双击数字电影图标，弹出“属性：电影图标”对话框。

(3) 单击“导入”按钮，弹出“导入哪个文件”对话框，选择所需文件。

(4) 单击“导入按钮”完成调用，即可运行程序。

2. 应用知识对象引入数字视频

(1) 选择“窗口｜面板｜知识对象”命令，弹出“知识对象”对话框。

(2) 选择电影控制知识对象。将其拖曳至流程线，弹出 Movie Controller knowledge Object: Introduction 对话框。

(3) 单击 Next 按钮，弹出 Movie Controller knowledge Object: Select a Digital Movie File 对话框，选择所需要文件。

(4) 单击 Next 按钮，弹出 Movie Controller knowledge Object: Select Interface Options 对话框，选择界面显示的按钮。

(5) 单击 Next 按钮，弹出 Movie Controller knowledge Object: Change Size 对话框，设置界面大小。

(6) 单击 Done 按钮，完成操作，即可运行程序。

6.3.4　数字音频的引入

多媒体素材中音频的引入由声音图标完成，Authorware 直接支持的音频文件格式主要有：PCM、MP3、WAV 等。另外，Authorware 还提供了播放 MIDI 音乐的用户代码文件。本小节介绍通过声音图标引入音频的方法及音频同步播放的控制。

1. 音频的引入

这种方法与引入数字视频的方法相似，具体步骤如下所示。

(1) 流程线上放置一声音图标。

(2) 双击声音图标，弹出“属性：声音图标”对话框。

(3) 单击“导入”按钮，弹出“导入哪个文件”对话框，选择所需的声音文件。

(4) 运行程序，即可欣赏优美的音乐。

2. 音频同步播放的控制

音频同步播放声音指声音图标与其下方图标的内容同时播放，如制作电子相册时，背景音乐与图像同时播放。实现的方法是设置音频图标的属性，在“属性：声音图标”对话框中的“计时”选项卡中，选择“执行方式”下拉列表中的“同时”选项。其中各选项的含义如下所示。

- 等待直到完成：当前音频文件播放结束后，执行下一个图标的内容。
- 同时：音频文件与下一个图标同时播放。
- 永久：音频文件永远播放，直到完成设置的播放次数或达到停止播放的条件。

6.3.5　Flash 动画的引入

Authorware 中可直接插入 Flash 文件，从而使制作的效果更加出色。下面介绍 Flash 动画的载入方式，具体步骤如下所示。

(1) 新建一文件，并命名。

(2) 选择“插入 | 媒体 | Flash Movie”命令，弹出 Flash Asset Properties 对话框。

(3) 单击 Browse 按钮，弹出 Open Shockwave Flash Movie 对话框，选择需插入的 Flash 文件。

(4) 返回 Flash Asset Properties 对话框，单击 OK 按钮，此时流程线上显示插入 Flash 动画的图标，即可运行程序。

6.4　Authorware 中二维动画的实现

Authorware 中具有强大的动画制作能力，通过在作品中加入动画效果，可以增强作品的表达力和吸引力。Authorware 中的动画有两种形式：一种是路径动画；另一种是实际动画。路径动画是指将指定对象按指定方式，沿设定路径以一定速度从一方运动到另一方，对象在运动时自身的属性(如大小、颜色和形状)没有发生任何的改变，只是在演示窗口中的位置发生变化，这是典型的二维动画的设计。实际动画是指内容本身是动态的，如作品中加入数字视频、GIF 动态图像、Flash 动画等。本节介绍的是二维动画的实现，即路径动画的制作。

6.4.1　动画设计的步骤

在 Authorware 中，路径动画的制作由运动图标来完成，运动图标能移动的可以是显示图标中静止的文字、图像，也可以是数字电影图标中的动画或影视。运动图像以图标为单位，如在一个显示图标中有 3 个对象：一棵树、一只小鸟、一段文字。运动图标的移动对象可以设定为上面 3 个对象中的任意一个，但移动时 3 个对象同时移动；若想让其分别移动或只移动其中一个，则必须将其放置在 3 个不同的显示图标中。如图 6-1 所示为运动图标的使用。

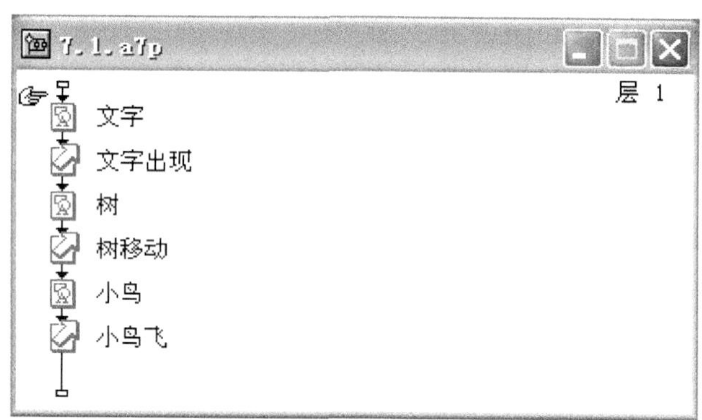

图 6-1　运动图标的使用

动画设计的步骤如下所示。

(1) 在流程线上放置一显示图标，在演示窗口中输入对象。

(2) 在显示图标下方放置一运动图标。

(3) 双击运动图标，弹出“属性：移动图标”对话框。

(4) 根据提示信息“单击对象进行移动”，在演示窗口中单击要移动的对象，相应对象便出现在预览框中。

(5) 在“属性：移动图标”对话框的类型下拉列表中选择运动方式。

(6) 创建相应的运动路径。设定对话框中的有关参数，如层、定时、执行方式等。如图 6-2 所示为移运图标的执行方式。

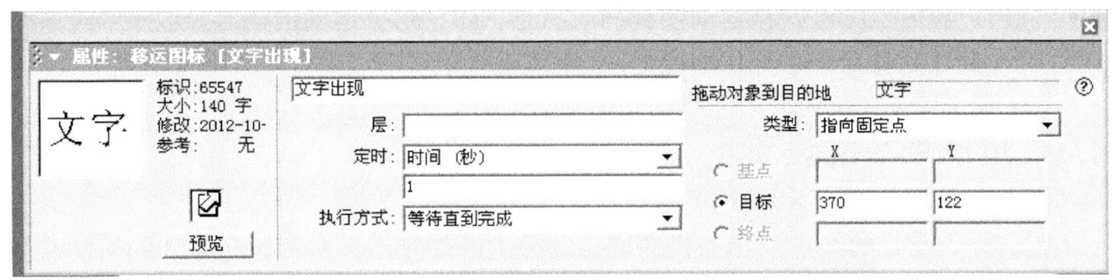

图 6-2　移运图标的执行方式

(7) 单击“预览”按钮，预览运动情况，如不满意则返回到前面的步骤重新设置，直到满意为止。

(8) 单击“关闭”按钮退出。

6.4.2　“指向固定点”移动类型

在“属性：移运图标”对话框的类型下拉列表中提供了 5 种不同的运动方式，即指向固定点、指向固定直线上的某点、指向固定区域内的某点、指向固定路径的终点和指向固定路径上的任意点。下面以第一种类型为例作简要说明。

指向固定点这种运动方式可将屏幕上任意位置的对象沿直线从当前位置移动到用户指定的固定终点，对象沿直线从当前位置移动到用户指定的固定终点，对象沿直线进行运动，这是运动图标默认的方式。选择这种运动方式，“属性：移运图标”对话框的参数如图 6-3 所示。

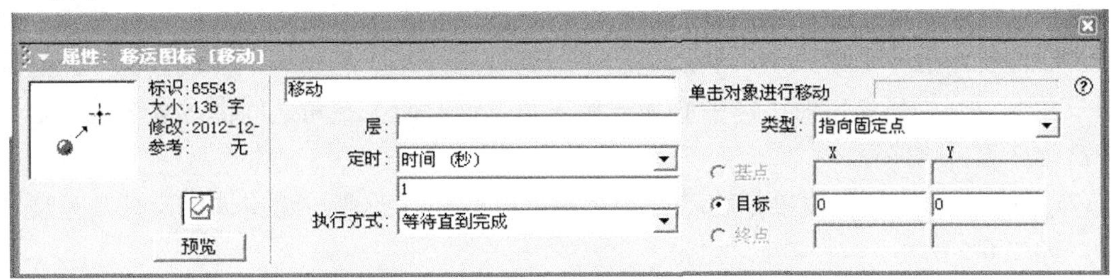

图 6-3　“属性：移运图标”对话框

该对话框中各选项的含义如下所示。

(1) 层：用于定义运动层次。当运动过程中的两个对象移动到同一位置时，相互覆盖，此时可用层的值来决定谁的覆盖能力更强。

(2) 定时：用于设置运动速度，其单位可以用时间(秒)，也可以用速率(Sec/Inc)表示，其下方的文本框用来输入具体的数值，数值越大运动越慢。

(3) 执行方式：用于定义程序执行方式，程序执行方式有“等待直至到完成”和“同时”两种。

- 等待直至到完成：规定程序必须等待运动图标执行完毕，即等待对象运动结束后才继续向下运动。
- 同时：规定程序可以和运动图标同时执行，即在对象运动的同时，程序继续向下运行。此项功能保证了同步功能的实现。

6.4.3　运动路径的设置

“指向固定路径的终点”和“指向固定路径上的任意点”两种运行方式的运动路径均需设计者自行设定，既可以是直线、折线，也可以是曲线。现以“指向固定路径的终点”运动方式为例，介绍运动路径的设置。该实例为一小球沿螺旋路径运动。

(1) 在流程线上放置一显示图标，命名为“小球”。

(2) 双击“小球”图标，在其演示窗口中画一小球，关闭演示窗口。

(3) 在“小球”图标的下方，放置一运动图标，命名为“小球运动”，如图 6-4 所示。

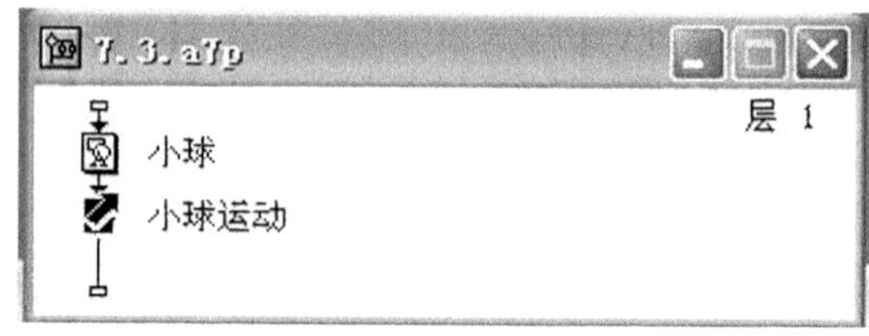

图 6-4　运动图标命名

(4) 双击“小球运动”图标，弹出“属性：移动图标”对话框。

(5) 运行程序，在演示窗口中单击小球。

(6) 在“属性：移动图标”对话框的“类型”下拉列表框中选择“指向固定路径的终点”选项。利用鼠标，通过对“小球”的多次拖放操作设置所需路径。用鼠标单击小球，小球中心位置出现一个黑三角，然后拖动小球到设想路径上的一点，释放鼠标，此时原来的黑三角变为空心三角，而小球中心为一黑三角，这时两个三角之间由一条直线连接。重复多次则产生折线路径。

(7) 调整运动路径。用鼠标移动每个圆形，弧线相应改变，逐步调整，使其呈现预想效果，如图 6-5 所示。

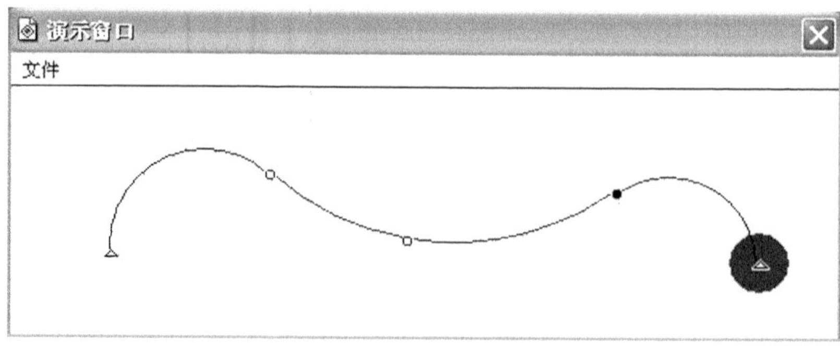

图 6-5　小球的运行路径

(8) 在“定时”下拉列表框下面的文本框中输入表示小球沿螺旋路径运动所需的时间。如图 6-6 所示，设置所需时间为 1 秒。

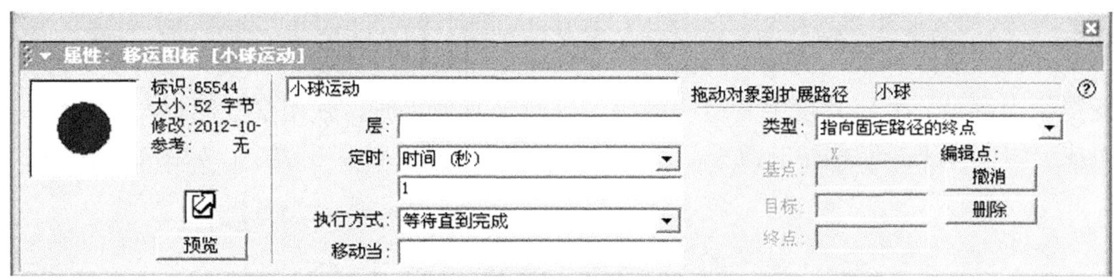

图 6-6　小球运行的参数设置

(9) 单击对话框右上角的“关闭”按钮，即可运行程序。

6.4.4　动画制作实例

该实例中大球沿斜面运动至操作平台，与小球碰撞。相撞后，小球做抛物运动。其操作步骤如下所示。

(1) 在流程线上放置一显示图标，命名为“背景”，绘制基本形状。

(2) 在“背景”图标的下方，依次放置两个显示图标，分别命名为“大球”和“小球”，绘制两球，调整至适当位置。

(3) 在流程线上，放置一运动图标，命名为“运动 1”。

(4) 双击“运动 1”图标，弹出“属性：移动图标”对话框。在演示窗口中单击大球，在“类型”下拉列表中选择“指向固定路径的终点”选项。

(5) 设置大球路径。在流程线上，在放置一运动图标，命名为“运动 2”。双击该图标，弹出“属性：移运图标”对话框。在“类型”下拉列表中，选择“指向固定路径的终点”选项。设置小球的运动路径。

(6) 运行程序，查看效果。程序设计的流程图如图 6-7 所示。

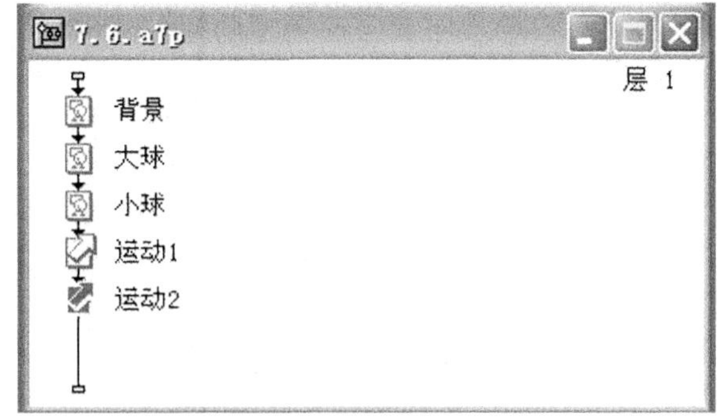

图 6-7　程序设计的流程图

6.5　Authorware 中交互控制的实现

交互性是多媒体系统的基本特征之一。Authorware 交互图标的出现，使得交互性的实现变得相当容易，令广大使用者得心应手。创建交互效果时，使用交互图标与其他图标共同组成一组图标来控制程序的流程。Authorware 提供了 11 种交互类型，如图 6-8 所示。

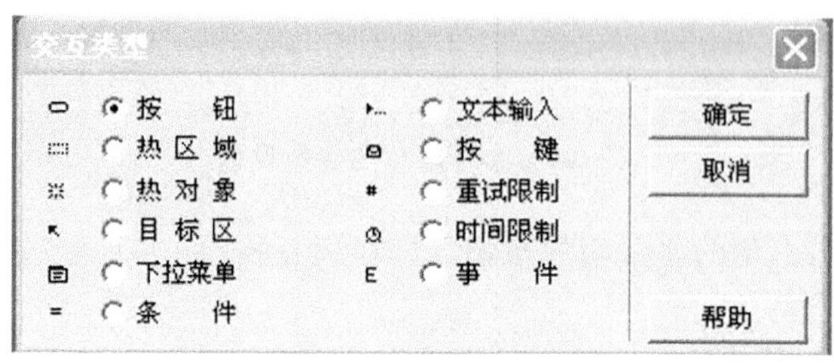

图 6-8　交互类型

6.5.1　交互图标

交互的实现分为两个步骤：交互结构的建立和交互响应属性的有关设置。

1. 交互结构的建立

创建交互结果时，交互图标需与其他图标配合使用。建立交互结构，就是根据需要在交互图标的右侧放置不同的图标。在流程线上放置一交互图标，拖动一个图标(一般为群组图标)放到交互图标的右侧，成为该交互图标的第一个分支响应图标，与此同时出现“交互类型”对话框。选定一种响应方式，单击“确定”按钮，此时分支响应图标上方出现一个响应类型标记符。再拖动一个图标到交互图标右侧分支响应类图标的右侧，使之成为第二个分支响应图标，此时其上方的响应类型标记符同第一个分支。

重复以上步骤，建立若干分支响应，效果如图 6-9 所示。

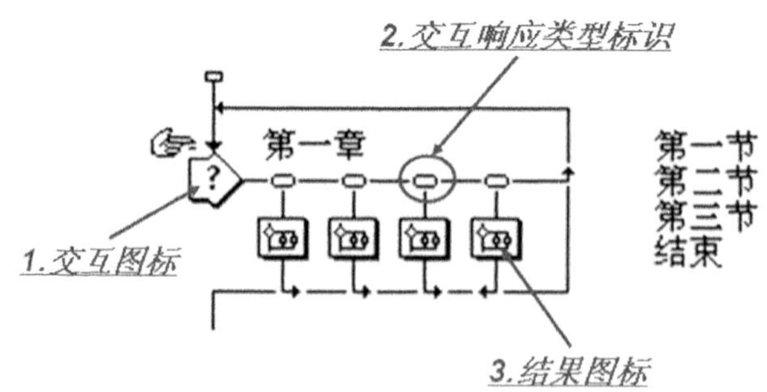

图 6-9　交互响应图标标识

2. 交互响应的设置

设置交互响应参数的方法是，单击“属性：交互图标”对话框中的“响应标签”。其中，各选项的含义如下。

(1) 范围：交互响应的作用范围。选中“永久”复选框则对应交互响应为永久性，即可在程序运行的任何时候实现交互响应。

(2) 激活条件：交互响应的激活条件。若希望在某种条件下才使交互响应起作用，只需在“激活条件”文本框中输入激活条件即可。

(3) 擦除：擦除各分支显示内容的方式。各分支显示内容是对用户响应动作的反馈信息，由此选项设置是否在下一个交互动作产生之时将其擦除。

(4) 分支：分支走向的选择。共计 4 种选择。其中各种分支的具体含义如下所示。

- 重试：重新进入交互结构。
- 继续：执行完分支后，先不重新进入交互结构，而是继续寻找该分支右侧满足条件的分支。
- 退出交互：执行分支后退出交互结构，继续流程线上下方图标的执行。
- 返回：仅用于永久性交互。
- 状态：用户响应动作的正误状态，用来区分哪些交互响应是正确的，哪些交互是错误的。为统计正误回答次数服务，主要用在交互性的教学系统中。
- 计分：用户响应动作得分，同样用于教学系统中，用来给出此交互响应所得分数。

按钮响应在交互程序中使用比较广泛，程序运行进入交互结构时，在屏幕的交互画面上将会出现一个按钮，该按钮可由系统提供，也可由设计者自行设计，如图 6-10 所示。用户单击该按钮，程序就会执行该按钮对应的分支。

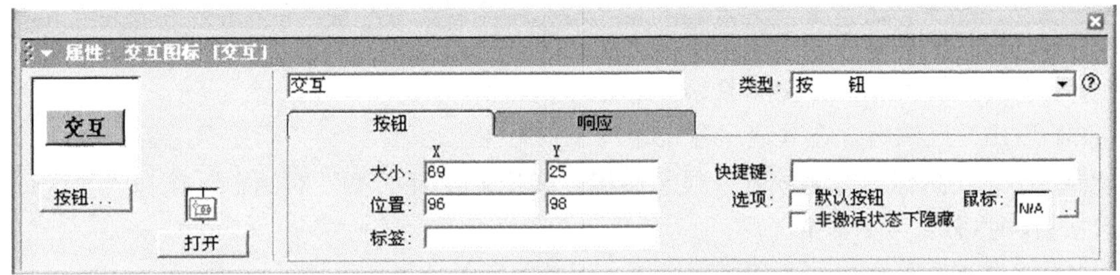

图 6-10　“交互图标”按钮参数设置

下面通过制作选择题，介绍按钮交互的使用方法。具体步骤如下所示。

(1) 在流程线上放置一交互图标，命名“选择”。

(2) 双击交互图标，进入其演示窗口，输入题目及选项的内容。

(3) 在交互图标的右侧依次放置 5 个显示图标，选择交互按钮。分别命名为“A”、“B”、“C”、“D”及“答案”。

(4) 双击交互图标右侧的群组图标“A”上方的按钮响应类型标记，弹出“属性：交互图标”对话框。

(5) 单击该对话框中的“按钮”按钮，弹出“按钮”对话框。在该对话框中，选择按钮的类型及样式。

(6) 单击“关闭”按钮，完成 A 按钮的设置。

(7) 同理，设置其他 4 个按钮。如图 6-11 所示为多个按钮交互的流程图。双击交互图标。在显示图标“A”、“B”、“D”中输入“不正确，请重试”。在显示图标“C”中，输入“回答正确”，并插入奖励图像。在显示图标“答案”中，输入“C”。运行程序，单击 C 按钮。

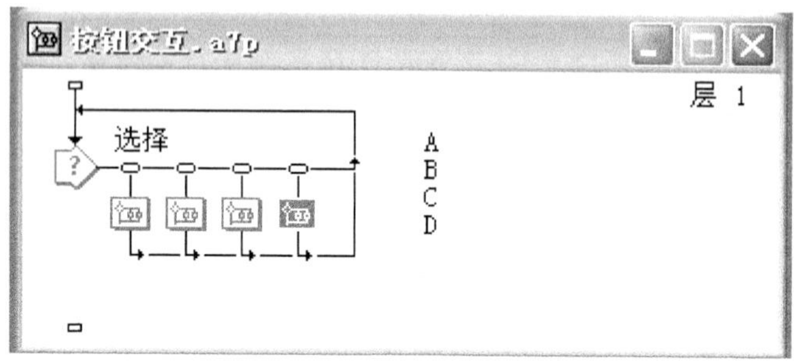

图 6-11　多个按钮交互的流程图

6.5.2　热区交互

热区交互指的是将演示窗口中的某个区域定义为热区域。该区域为矩形，热区边缘在程序运行时是不可见的，只有在编辑状态下才能看到。当程序运行进入交互结构时，在定义的热区中单击、双击鼠标或发生其他事件时，就发生交互影响，执行分支对应的内容。

下面以制作看图学英语的程序为例，介绍热区交互的使用。具体步骤如下所示。

(1) 在流程线上放置一显示图标，导入背景图像。

(2) 在流程线上放置一交互图标，命名为“交互”。

(3) 双击交互图标，在其演示窗口导入 3 张图像。

(4) 在交互图标的右侧放置一显示图标，弹出“交互类型”对话框，选择“热区域”单选按钮，并命名为“水果”。

(5) 双击交互图标，进入其演示窗口，调整热区的位置，如图 6-12 所示。

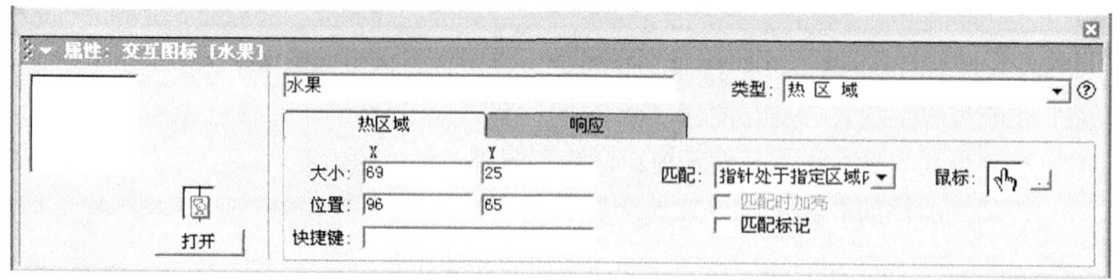

图 6-12　热区的设置

(6) 双击交互图标右侧的响应类型标记，弹出“属性：交互图标”对话框，在“匹配”

下拉列表中选择“指针处于指定区域内”选项，并选择鼠标指针。

(7) 在交互图标的右侧依次放置两个显示图标，分别命名为“2”、“3”，如图 6-13 所示。

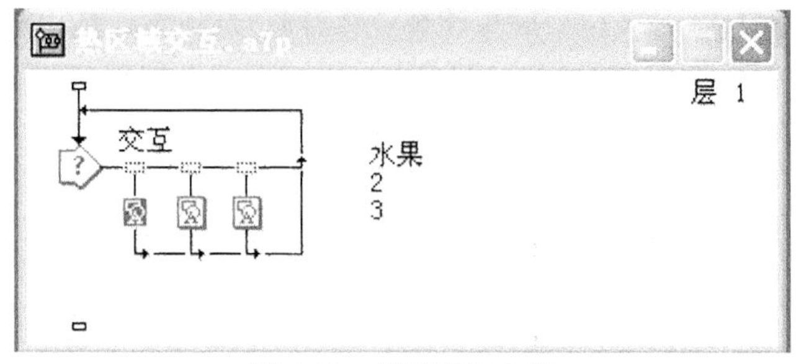

图 6-13　显示图标命名

(8) 双击交互图标，进行其演示窗口，调整热区的位置，依次设置图标“2”和“3”热区响应的属性。依次在 3 个显示图标中输入水果的中英文名称。

(9) 运行程序。当鼠标划过西瓜时，将显示水果的中英文名称。

6.5.3　目标区域交互

目标区域交互是在演示窗口中定义一个区域，在程序运行时要求用户将一个制定对象移动到该区域，该区域与热区交互中的区域相似，也是一个矩形，并且在程序运行时不可见。

下面以制作匹配游戏的程序为例，介绍目标区域交互的使用。该游戏要求将 6 幅图片组成一幅画卷。回答正确则图像放在区域内(即设定的目标区域)，回答错误则自动返回原处。具体步骤如下所示。

(1) 在流程线上一次性放置 6 个显示图标，分别命名为“1”、“2”、“3”、“4”、“5”、“6”。

(2) 在每个显示图标中分别导入 1 张图像。

(3) 单击图标“1”，选择“修改 | 图标 | 属性”命令，弹出“属性：显示图标”对话框，在“活动”下拉列表中选择“任意位置”选项，如图 6-14 所示。

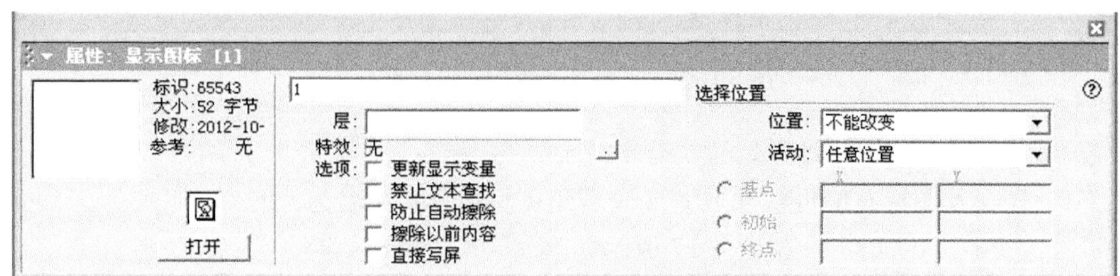

图 6-14　“显示图标”参数设置

(4) 重复步骤(3)，设置图标“2”、“3”、“4”、“5”、“6”的属性。

(5) 在流程线上放置一交互图标，命名为“交互”，并双击该交互图标进入其演示窗口，导入图像，并添加文字。

(6) 在交互图标的右侧放置一个群组图标，选择目标区域交互，命名为“p1”。

(7) 双击交互图标右侧的“p1”上方的目标区域响应类型标记，进入“属性：交互图标”对话框如图 6-15 所示。单击图像 1，在“放下”下拉列表中选择“在中心定位”选项。

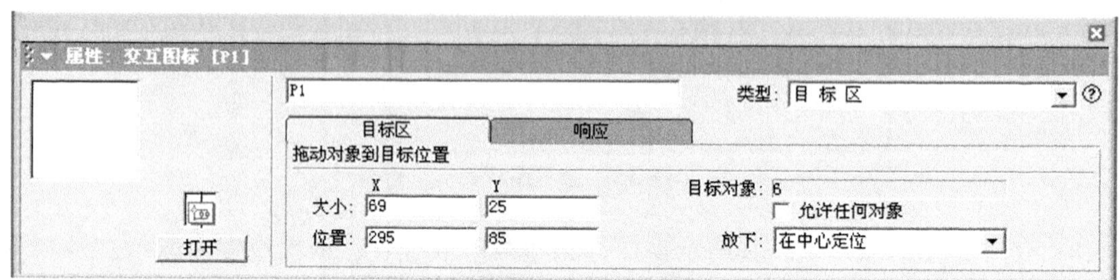

图 6-15　“属性：交互图标”对话框

该对话框中各选项的含义如下所示。

- 位置、大小：设置指定区域的位置和大小。
- 允许任何对象：选择此复选框，则任意可移动对象被拖到指定区域时交互均被激活。
- 放下：用来选择用户将对象拖到指定区域后，在目标点放下，对象停留在用户拖动前的位置。
- 返回：对象自动返回到用户拖动前的位置。
- 在中心定位：对象自动移到指定区域的中心位置。

(8) 单击“属性：交互图标”对话框中的“响应”标签，在“状态”下拉列表中选择“正确响应”选项，如图 6-16 所示。

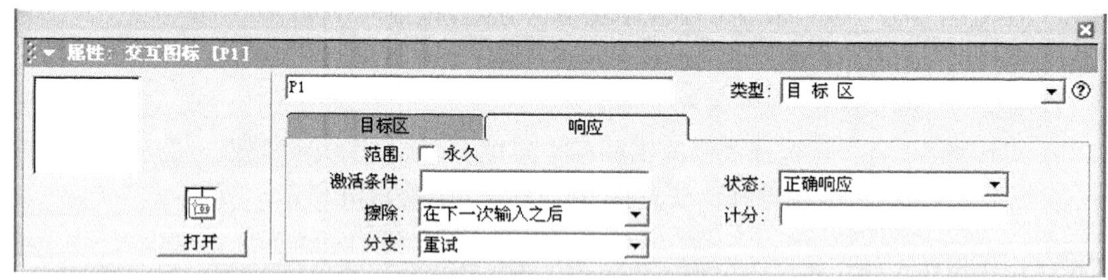

图 6-16　“属性交互图标”参数设置

(9) 调整“P1”的目标区域。

(10) 在交互图标右侧再依次放置 6 个群组图标，分别命名为“P2”、“P3”、“P4”、“P5”、“P6”、“P7”，如图 6-17 所示。

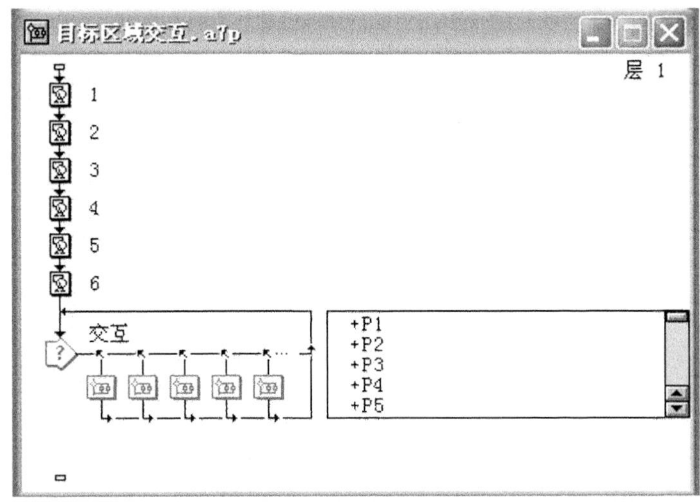

图 6-17　群组图标命名

(11) 图标“P2”～“P6”的响应设置与“P1”相同，只需调整目标区域。

(12) 设置“P7”的属性，选中“允许任何对象”复选框，在“放下”下拉列表中选择“返回”选项，选择“响应”选项卡“状态”下拉列表框中的“错误响应”选项。

(13) 调整“P7”目标区域(覆盖整个区域)，程序设计完成。

(14) 运行程序。拖动图像，当位置正确时，图像停留在区域内；否则，图像将自动返回到原处。

6.5.4　文本交互

文本交互方式主要用于接收用户的输入信息，程序运行时光标停留在指定位置等待用户的键盘输入。只有当用户输入的文本与预先设置的文本(即图标名称)吻合时，才执行相应的分支。输入的信息自动保留在系统变量之中，如数字保存在变量 NumEntry 中，文本保存在变量 EntryText 之中。

下面介绍通过文本交互来实现密码登录系统。具体步骤如下所示。

(1) 在流程线上放置一显示图标，命名为“背景”。在其演示窗口导入一幅图像。

(2) 在图标“背景”的下方，放置一交互图标。在其右侧放置一个群组图标，选择文本交互，命名为“密码”。

(3) 双击交互图标，进入其演示窗口，显示接收用户输入的文本框，此框为虚线，输入相应的文字。

(4) 双击群组图标“密码”上方的文本响应类型标记，弹出“属性：交互图标”对话框。单击“文本输入”标签，在“模式”栏输入“123123”，表示正确的密码，如图 6-18 所示。单击“响应”标签，在“分支”下拉列表中选择“退出交互”选项。

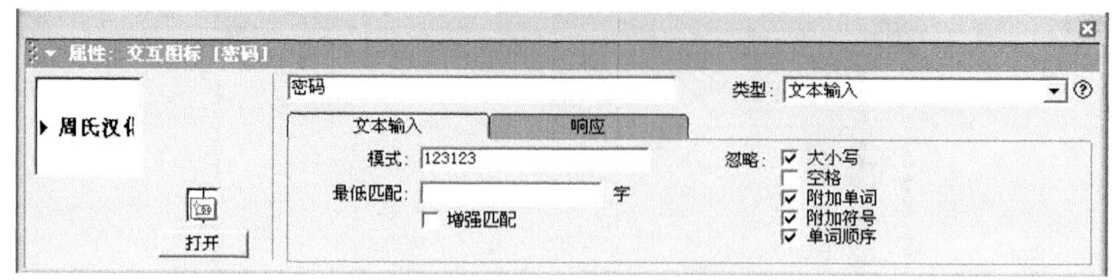

图 6-18　“属性：交互图标”参数设置

(5) 双击群组图标“密码”，进入二级窗口。在流程线上放置一显示图标，命名为“进入”，导入图像，并输入文字。

(6) 在图标“进入”下方，放置一等待图标，时间为 2s，如图 6-19 所示。

图 6-19　放置等待图标

(7) 在交互图标后再放置一个群组图标，选择次数限制交互，命名为“次数”。

(8) 双击群组图标“次数”上方的次数限制响应类型标记，弹出“属性：交互图标”对话框。单击“重试限制”标签，在“最大限制”文本框中输入“3”。如图 6-20 所示为密码输入次数设置。单击“响应”标签，在“分支”下拉列表中选择“继续”选项。

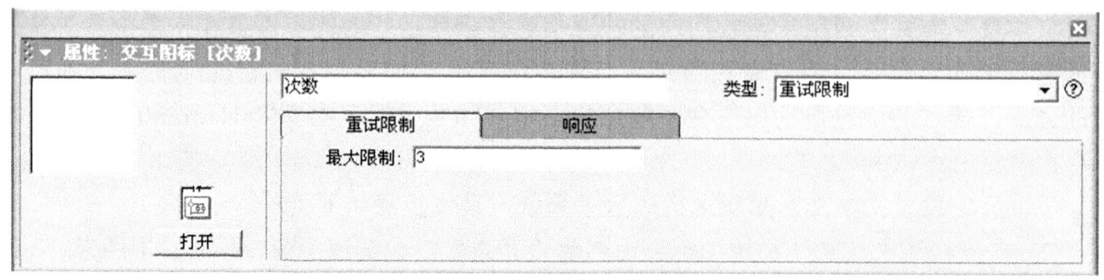

图 6-20　密码输入次数设置

(9) 双击群组图标“次数”，进入二级窗口。在流程线上放置一显示图标，命名为“提示”，输入文字“对不起，无权使用！”。

(10) 在图标“提示”下方，放置一等待图标，时间为 1s。在等待图标下方，放置一擦除图标。双击擦除图标，弹出“属性：擦除图标”对话框，单击文字“对不起，无权使用！”。

(11) 在擦除图标下方，放置一计算图标。双击该图标，在其对话框中输入函数 quit()，用于退出程序，如图 6-21 所示。

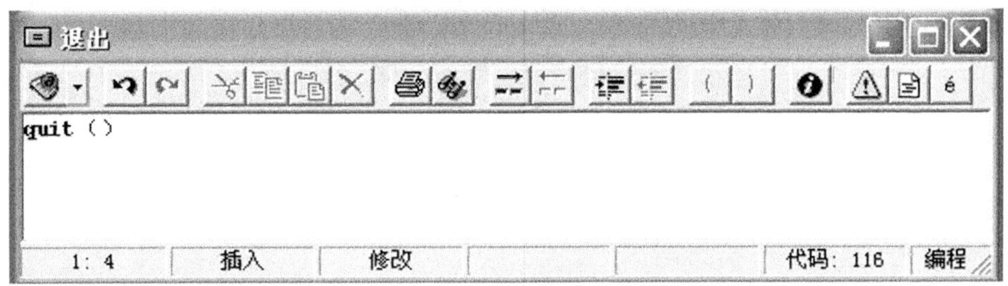

图 6-21　退出程序设置

(12) 然后进行密码输入次数统计的程序设置，如图 6-22 所示，设置完成。

图 6-22　密码输入次数统计设置

(13) 运行程序，查看效果。若输入密码“123123”，则可继续进行；若输入其他密码，且 3 次均不正确，则提示“对不起，无权使用！”系统等待 1s 后退出。如图 6-23 所示为文本输入交互流程图。

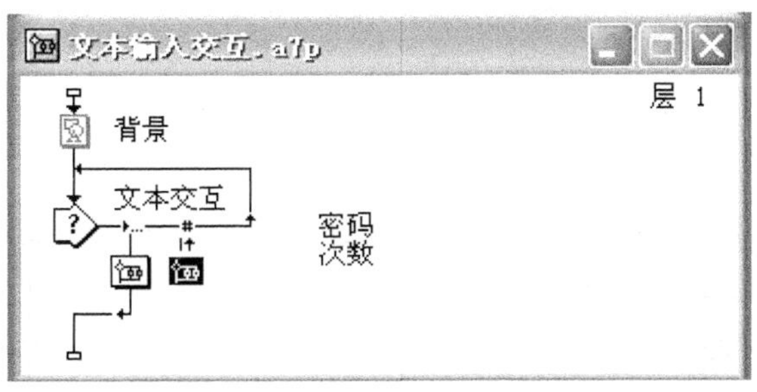

图 6-23　文本输入交互流程图

6.6　Authorware 中函数的应用

函数通常指能够执行某种特殊任务的应用程序。Authorware 的函数分为系统函数和自定义函数。Authorware 本身提供的系统函数类型，如图 6-24 所示，基本能满足程序设计的需要，但是有些场合中可能会需要应用自定义函数才能完成相应的功能。

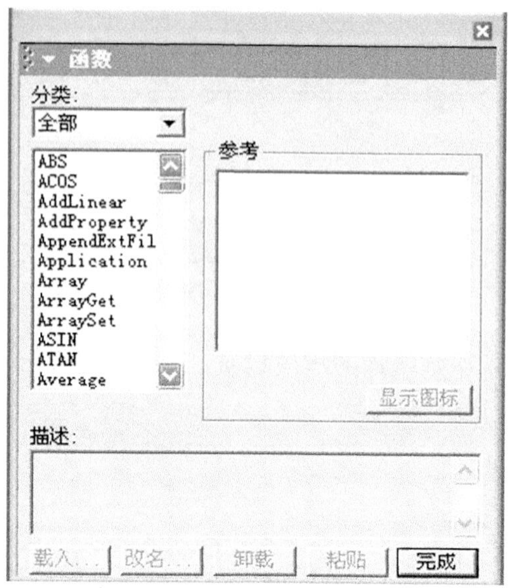

图 6-24　系统函数类型

6.6.1　函数概述

1. 系统函数

系统函数的使用比较简单，可以在计算图标对话框中直接输入函数名称，也可以通过在“函数”对话框找到该函数的名称，然后粘贴到对话框中。

2. 自定义函数

对于 Authorware 系统函数无法完成的功能，用户可以自己定义一个函数来完成，这种函数称为自定义函数。自定义函数中常见的是 UCD 函数。对于 Windows 系统来说，自定义函数不可以独立存在，是以动态链接(Dynamic link Libraries，DLL)文件存储的。Authorware 对 DLL 格式有一定的规定，按照此规定开发的 DLL 文件，即用户代码文件(User Code Document，UCD)，UCD 为编程者提供函数调用的信息(其中的函数对用户是可见的)，UCD 格式为.ucd 或.u32。在使用 UCD 前，必须要对其进行加载，目的是使 Authorware 能知道存放该函数的路径位置，从而能够直接从磁盘中读取这个函数。一旦加载了 UCD 函数后，会出现一个函数列表，这时，用户使用这些函数就像使用系统函数一样方便。

下面以加载函数 MidiLoop .u32 为例，介绍加载自定义函数。其具体步骤如下所示。

(1) 单击工具栏上的函数按钮，打开“函数”对话框。在“分类”下拉列表中，选择当前文件名(默认为未知名)。

(2) 单击“载入…”按钮，弹出“加载函数”对话框，如图 6-25 所示。选择文件 MidiLoop.u32，单击“打开”按钮，弹出对话框。

图 6-25　“加载函数”对话框

(3) 选择需加载的函数，单击“载入”按钮，这时加载的函数出现在函数列表中，即完成函数的加载，如图 6-26 所示。

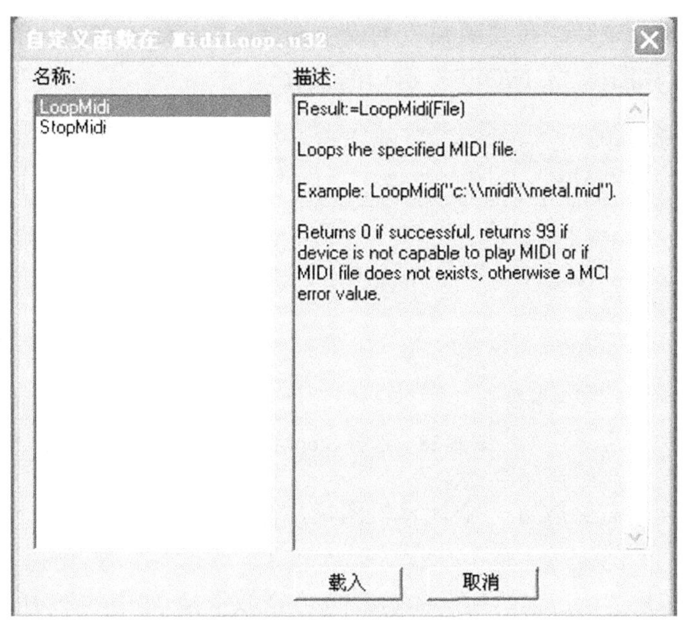

图 6-26　加载函数

6.6.2　函数的应用实例

背景音乐的播放控制由于 MIDI 音乐文件小，制作多媒体系统时背景音乐大多采用 MIDI 音乐。而 Authorware 不直接支持 MIDI 音乐的播放，需要加载函数 MidiLoop.u32。自定义函数加载到本地硬盘后，调用的方法与系统函数的调用相同。具体步骤如下所示。

(1) 在流程线上放置一显示图标，导入一幅图像。在显示图标的下方，放置一计算图标，命名为“播放”。

(2) 双击计算图标“播放”，在“函数”列表框中选择函数 LoopMidi，单击“粘贴”按钮，如图 6-27 所示，并指定 MIDI 音乐所在的目录，计算图标“播放”窗口设置。

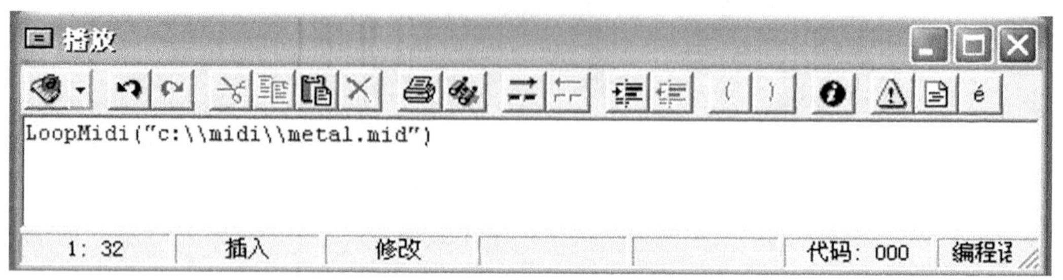

图 6-27　选择 LoopMidi 函数

(3) 在计算图标的下方，放置一交互图标，命名为“交互”。双击进入其演示窗口，导入图像，作为控制开关。

(4) 在“交互”图标的右侧放置一个计算机图标，命名为“ON/OFF”，选择热区交互。双击计算图标“ON/OFF”，在“函数”列表中选择函数 StopMidi()，单击“粘贴”按钮，如图 6-28 所示，计算图标“ON/OFF”窗口的设置。

图 6-28　选择 StopMidi 函数

(5) 在交互图标的右侧放置一个计算机图标，命名为“c=2”，设计流程图，选择重试限制交互方式。

(6) 双击计算图标“c=2”，GoTo(IconID@“播放”)，如图 6-29 所示。

图 6-29　GoTo 函数的使用

(7) 运行程序，可控制音乐的播放和停止。如图 6-30 所示为 MIDI 音乐的播放控制流程图。

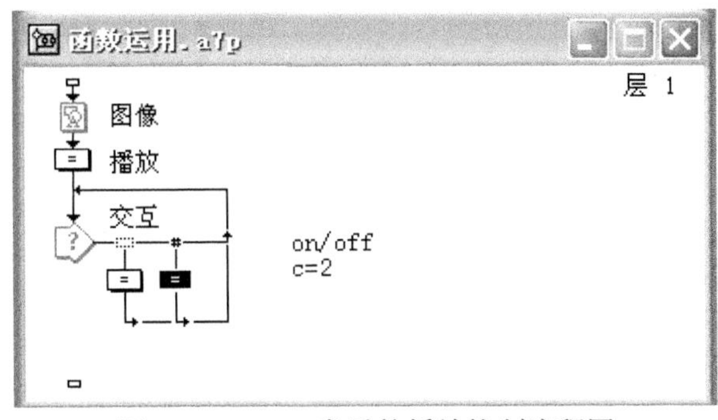

图 6-30　MIDI 音乐的播放控制流程图

第 7 章　网络多媒体技术

【学习目标】

(1) 理解网络多媒体的概念和教学功能。

(2) 理解流媒体的特点，并掌握它的不同用途。

(3) 掌握网络教学课件的制作技术。

7.1　网络多媒体技术概述

随着计算机技术与数字信息处理技术的发展，计算机成为最主要的多媒体技术应用平台。多媒体可以综合处理文字、图形、图像、动画、视频、声音等多种信息，因此，它可以生动、形象、直观地传输信息。多媒体技术与计算机技术的结合，降低了计算机这种高科技的产品的操作难度，多媒体技术所具有的影音和交互功能，使之迅速普及到千家万户，用户可以通过计算机聆听 CD、观看 VCD 等。但同时，多媒体信息特别是音频、视频信息包含丰富的内容，文件体积庞大，人们需要使用光盘等大容量存储设备来存储音频文件，这对多媒体信息的传输与存储带来一些问题。

随着网络技术的发展，人们希望网络能够提供更加丰富的信息服务，网页中不仅要有文字、图形、图像等静态信息，而且还提供视频、音频等信息。但是，在传统多媒体技术中，音频文件的体积、播放方式等都与网络传输环境发生了矛盾，网络上需要的是能够在一定带宽限制下，达到一定品质的、可以实时传输的“流”式多媒体文件。

因此，如何在现有的网络传输条件下实现多媒体技术，成了众多软件公司和技术研究的热点。多媒体制作也从以光盘为中心转向以网络为中心，用多媒体网络开发语言(如 HTML、XML、VRML、WML 等)或工具(如 Microsoft Windows Media、Real Producer、Macromedia Flash 等)开发，多媒体内容不仅可以在网络上实时传输，而且可以存储在光盘上发行。为了解决网络中多媒体数据的传输问题，当前主要的解决方案就是降低多媒体内容的码率和采用流媒体技术两种方法。

7.2　降低多媒体内容的码率

所谓码率就是数据传输时单位时间传送的数据位数，一般用的单位是 kbit/s(即千位每秒)。一般情况下，码率越高，画质和音质越好，反之，画质和音质就会降低。数字数据在网络环境下实现多媒体技术，一个重要的前提就是在使用者能够接受的品质下，最大程度地降低庞大的多媒体内容的码率。

7.2.1　数据压缩

为了方便多媒体文件在网络上进行传输，必须减少传输的数据量，而要减少传输的数据量，首选方案就是对多媒体内容进行大比例的压缩。例如，对于 CD 音质的数字音频，所用的采样频率为44.1KHZ，量化位数为16bit，采用双声道立体声时，其数码率约为1.41Mbit/s，1 秒的 CD 立体声信号需要约 176.4KB 的存储空间。因此，为了降低传输或存储的费用，就必须对数字音频信号进行更进一步的压缩。

对于声音，实验证明也有些频率的声音人们根本很难分辨，如果将这些人耳很难分辨的声音从多媒体信息文件中清除，就能进一步减小体积；而同样对于视频来说，人的视觉对于细节变化不敏感，在图像的同一行相邻像素之间、颜色与颜色的变化之间很难分辨，利用这些特征可以在相应部分适当降低编码精度，而使人从视觉上并不感觉到图像质量的下降。去除或减少这些相关性，也就去除或减少信息中的冗余度，即实现了对数据的压缩。

注意：

数据压缩方法是以牺牲多媒体内容的品质为代价的，特别是网络中实时传输的多媒体内容，很难达到传统的多媒体视觉和听觉效果。Microsoft 公司和 Real Networks 公司的流媒体文件就是这类压缩方式的典型代表。

7.2.2　矢量图形

除了压缩程度外，减小文件体积的另一个可行办法就是使用矢量图形文件。

图像也称为点阵图像或绘制图像，是由被称做像素的单个点组成的。这些点可以进行不同的排列和染色以构成图样。当放大位图时，可以看见已构成整个图像的无数单个方块。每个像素点都要占据一定的存储空间，图像越大，像素点越多，相应的文件体积就变大。在网络应用中，这种由像素点组成的点阵图像的面积不可能做到很大，否则相应的文件体积将成倍增加。

矢量图像是指在计算机图形学中，用点、直线或者多边形等基于数学方程的几何图元来表示的图像。

矢量图与位图使用像素表示图像的方法有所不同。

矢量图使用直线和曲线来描述图形，这些图形的元素是一些点、线、矩形、多边形、圆、弧线等，它们都是通过数学公式计算获得的。例如，一幅画的矢量图实际上是由线段形成外框轮廓，由外框的颜色以及外框所封闭的颜色决定这幅画显示出的颜色。

由于矢量图可通过公式计算获得，所以矢量图比位图具有如下优点。

- 保存最少的信息，文件大小比位图要小，并且文件大小与物体的大小无关。
- 可以无限地放大这个图形，但仍然保持图形平滑。
- 在放大的时候，直线与曲线都不会成比例地变粗，它只会保持不变或者要小于缩放比例。

7.3　流媒体技术

互联网的迅猛发展和普及为流媒体业务发展提供了强大的市场动力，流媒体技术广泛用于多媒体新闻发布、在线直播、网络广告、电子商务、视频点播、远程教育、远程医疗、网络电台、实时视频会议等互联网信息服务的方方面面。流媒体技术的应用将为网络信息交流带来革命性的变化，对人们的工作和生活产生了深远的影响。

7.3.1　流媒体简介

1. 流媒体概念

流媒体是视音频形成稳定、连续的传输流和回放流的一系列技术、方法、协议的总称。所以，流媒体不是一种新的媒体形式，而是一种新的传输方式，它有别于以前那种媒体被完全下载之后再播放的传输方式，而是边下载边播放。流式传输以客户端正确呈现的速度通过网络发送数据，比完全下载方式更高效地使用带宽，防止网络过载，从而维持系统的可靠性。由于对数据进行流式播放和呈现是同时发生的，允许传递实况内容，满足网络教育发展的技术要求。

2. 流式传输的方式

(1) 顺序流式传输

顺序流式传输是顺序下载，在下载文件的同时用户可以观看在线媒体，在给定时刻，用户只能观看已下载的部分，而不能跳到还未下载的部分。顺序流式传输不像实时流式传输能在传输期间根据用户连接的速度做调整。由于标准的 HTTP 服务器可发送这种形式的文件，也不需要其他特殊协议，所以经常被称做 HTTP 流式传输。顺序流式传输比较适合高质量的短片段，如片头、片尾和广告，由于该文件在播放前观看的部分是无损下载的，这种方法保证电影播放的最终质量。这意味着用户在观看前，必须经历延迟，对较慢的连接尤其如此。对通过调制解调器发布短片段，顺序流式传输显得很实用，它准许用此调制解调器更高的数据速率创建视频片段。尽管有延迟，毕竟可以发布较高质量的视频短片。顺序流式文件放在标准 HTTP 或 FTP 服务器上，易于管理，基本上与防火墙无关。顺序流式传输不适合长片段和有随机访问要求的视频，如讲座、演说与演示，也不支持现场直播。严格来说，它是一种点播技术。

(2) 实时流式传输

实时流式传输保证媒体信号宽带与网络连接匹配，使媒体可被实时观看。实时流于 HTTP 流式传输不同，需要专用的流媒体服务器与传输协议。实时流传输总是实时传送，特别适合现场事件，也支持随机访问，用户可快进或后退以观看前面或后面的内容。理论上，实时流一经播放就可不停止，但实际上可能发生周期暂停。

实时流式传输必须匹配连接宽带，这意味着在调制解调器速度连接时，图像质量较差。要保证视频质量，选择顺序流式传输也许更好。实时流式传输需要特定服务器，如 Quick Time Streaming Server、Real Server 与 Windows Media Server。这些服务器准许对媒体发送进行更多级别的控制，因而系统设置、管理比标准 HTTP 服务器更复杂。实时流式传输还需要特殊网络协议，如 RTSP(Realtime Streaming Protocol)或 MMS(Microsoft Media Server)。这些协议在有防火墙时会出现问题，导致用户不能看到一些地点的实时内容。

3. 流类型

(1) 单播流

所谓单播(Unicast)，就是在每个客户端与视频媒体服务器之间建立一个单独的数据通道，并且一台服务器出的每个数据包只能传输给一个客户机的传输方式。单播流是服务器和客户端之间一对一的连接，这意味着每个客户端都接收不同的流且只有那些请求流的客户端才接受流。以单播流方式传递内容时，既可以采用点播发布点又可以采用广播发布点。单播流的优点是，可提供播放机和服务器之间的交互、便捷的设置以及多比特率流传输功能。但是，单播流用户的数量受到内容比特率和服务网络速度的限制。如果单播观众过多，很快将使网络或服务器无法承受，这种巨大冗余首先造成服务器沉重的负担，响应需要很长时间，甚至停止播放；管理人员也被迫购买硬件和带宽来保证一定的服务质量。

(2) 多播流

所谓多播(Multicast)，又称为多址广播或组播。多播流是指服务器和接收流的客户端之间具有一对多的关系。利用多播流，服务器向网络上的一个多播 IP 地址传输，所有客户端都向该 IP 地址订阅来接收同一个流。因为无论有多少个接收流的客户端，服务器只传输一个流，所以多播流需要的带宽量与包含相同内容的单个单播流的带宽量相同。使用多播流会节省网络带宽，且对于带宽较低的局域网非常有用。

采用多播方式，准许路由器一次将数据流复制到多个通道上，媒体服务器只需发送一个信息流，并且所有发出请求的客户端共享同一信息流，因而单台服务器能够对几十万台客户机同时发送连续数据流而无时延。多播信息可以发送到组内任意地址的客户机，减少网络上传输的信息包的总量，网络利用率大大提高，成本大为降低。

4. 发布方式

(1) 点播

在点播(On Demand)发布中，用户通过内容项目来初始化客户端连接。如果希望用户能够控制正在传输的内容的播放，则最适于以点播方式发布内容。这种类型的发布方式最常用于以文件。播放列表或目录为来源的内容。当客户端连接到该发布点时，内容将从头开始播放，最终用户可以使用播放机上的播放控制来暂停，快进，倒回，跳过播放列表中的项目或停止。

只有当客户端已连接且可以接受流时，点播发布点才可以传输内容。从发布点传输的内容总是以单播流的形式传递，这意味着服务器维护与客户端的单独连接。

(2) 广播

广播(Broadcast)发布方式类似于电视台节目播出，服务器将视频、音频流发布出去，所有用户连接到服务器后，看到的都是相同的内容，内容是在源或服务器上控制和传输。这种类型的发布方式最常用于从编码器、远程服务器或其他广播发布点传递实况流。当客户端连接到发布点时，客户端就加入到已在传递的广播中。

广播发布点可以发布文件和文件的播放列表，当广播发布将文件或播放列表作为来源时，由服务器将其作为广播流发送，用户的播放器不能像控制点播流那样控制播放。用户感觉就好像是在接收实况编码流的广播。

5. 流媒体传输的网络协议

(1) 实时传输协议(RTP)

RTP 被定义为在一对一或一对多的传输情况下工作，其目的是提供时间信息和实现流同步。RTP 通常使用 UDP 来传输数据，但 RTP 也可以在 TCP 或 ATM 等其他协议上工作。当应用程序开始一个 RTP 会话时将使用两个端口：一个是 RTP，另一个是 RTCP。RTP 本身并不能为按顺序传输数据包提供可靠的传输机制，也不提供流量控制或拥塞控制，它依靠 RTCP 提供这些服务。通常，RTP 算法并不作为一个独立的网络层，而是作为应用程序的一部分。

(2) 实时传输控制协议(RTCP)

RTCP 和 RTP 一起提供流量控制和拥塞控制服务，在 RTP 会话期间，各参与者周期性地传送 RTCP 包。RTCP 包中含有已发送的数据包的数量、丢失的数据包的数量等统计资料，因此，服务器可以利用这些信息动态改变传输速率，甚至改变有效荷载类型。RTP 和 RTCP 配合使用，能以有效的反馈和最小的开销使传输效率最佳化，因而特别适用传送网上的实时数据。

(3) 实时流协议(RTSP)

RTSP 定义了一对多种应用程序，如何有效地通过 IP 网络传送多媒体数据。RTSP 在体系结构上位于 RTP 和 RTCP 之上，它使用 TCP 或 RTP 完成数据传输。HTTP 与 RTSP 相比，HTTP 传送 HTML 超链接文档，而 RTSP 传送的是多媒体数据。HTTP 请求由客户端发出，服务器作出相应。使用 RTSP 时，客户机和服务器都可以发出请求，即 RTSP 可以是双向的。

(4) 资源预订协议(RSVP)

由于音频和视频数据流是传统数据对网络的延时更敏感，要在网络中传输高质量的音频、视频信息，除宽带要求之外，还需其他更多的条件。RSVP 是在开发的 IP 网上的资源预订协议，使用 RSVP 预留一部分网络资源(即宽带)，能在一定程度上为流媒体的传输提供 QOS。

注意：

QOS 的英文全称为“Quality of Service”，中文名为“服务质量”。QOS 是网络的一种安全机制，是用来解决网络延迟和阻塞等问题的一种技术。

6. 流媒体信息的组成

流媒体系统一般由 5 个方面构成。这 5 个部分有些是网站需要的，有些是客户端需要的。

(1) 编码和编辑工具：用于创建和捕捉多媒体数据，形成编辑流式文件。

(2) 流媒体数据：流媒体数据存放在服务器上，被客户端通过网络编辑。

(3) 服务器：用于存放和控制流媒体的数据。

(4) 网络：适合多媒体传输协议，甚至是流式传输协议的网络。

(5) 播放器：供客户端浏览流媒体文件。

7. 编辑方式

流媒体有两种编辑方式：恒定比特率(CBR)和可变比特率(VBR)编码。在流媒体播放方案中，使用 CBR 编码最为有效。使用 CBR 编码时，比特率在流的进行过程中基本保持恒定并且接近目标比特率，始终处于由缓冲区大小确定的时间窗口。CBR 编码的缺点在于编辑内容的质量不稳定。因为内容的默写片段要比其他片段更难压缩，所以 CBR 流的默写部分质量就比 VBR 部分差。此外，CBR 编码会导致相邻流的质量不同。在较低比特率下，质量的变化通常会更加明显。当计划提供内容供用户下载，将内容在本地播放或者读取速度有限的设备(如 CD 或 DVD 播放器)上播放时，请使用 VBR 编码。当编码内容中混有简单数据和复杂数据(例如，有快动作和慢动作切换的视频)时，VBR 编码是很有优势的。使用 VBR 编码时，系统将自动为内容的简单部分分配较少的比特，从而留出足量的比特用于生成高质量的复杂部分。这意味着复杂的内容(例如新闻播音)不会受益于 VBR 编码。对混合内容使用 VBR 编码时，在文件大小相同的条件下，VBR 编码的输出结果要比 CBR 编码的输出结果质量要好得多。在某些情况下，VBR 编码文件的大小可能只有前者的一半。

另外，进行 CBR 编码时，可以使用一次通过编码或两次通过编码。而 VBR 编码选项有 3 种：基于质量的 VBR(一次通过)、基于比特率的 VBR(两次通过)和基于峰值比特率的 VBR(两次通过)。对于一次通过编码，内容通过编码器的次数只有一次，并且在遇到内容时即进行压缩。而对于两次通过编码，则在第一次通过时分析内容，然后在第二次通过时根据第一次通过时收集的数据进行编码。两次通过编码可以生成质量更好的内容，这是因为编码器有充足的时间根据画面的组成找出最佳的比特率、帧速率、缓冲区大小和图像质量的组合。但是，由于编码器要两次处理全部内容，所以这种编码方式所需的时间更长。

7.3.2　流媒体技术构建教育资源的优势

1. 编码方式

以流媒体技术为编码方式的文件压缩比比较大，尺寸相对要小很多。所以，它一方面可以解决教育部门中网络带宽较低的问题；另一方面又能够解决存储设备有限的问题。

如 Windows Media 的视频解码器采用基于 MPEG-4 的压缩算法，支持真正的动态质量速率编码和 Two-Pass 编码技术，Windows Media 的音频解码器采用类似 MP3 的压缩算法，适合低速率传输。一般情况下，流式文件经过编码压缩后是传统 AVI 格式文件大小的 1/5 左右，虽然其文件质量也会稍有下降，但对于目前中低带宽的情况，这种方式有相当大的优势。Real System 的 RMVB 文件，它可以根据视频中的动态情况自适应地调整其编码速率，当动作跨度较大或背景变化较多时，速率大一些，相反则速率就小一些。这种编码方式在压缩视频时，可以减小文件的尺寸，便于存储及传输。

2. 独有的缓冲机制

因为 Internet 以包传输为基础进行断续的异步传输，对一个实时视音频源或存储的视频、音频文件，在传输中它们要被分解为许多包，由于网络是动态变化的，各个包选择的路有可能不尽相同，故到达客户端的时间延迟也就不等，甚至先发的数据包还有可能后到。为此，使用缓存系统来弥补延迟和抖动的影响，并保证数据包的顺序正确，从而使媒体数据能连续输出，而不会因为网络暂时拥塞使播放出现停顿。通常，高速缓存所需容量并不大，因为高速缓存使用环形链表结构来存储数据，通过丢弃已经播放的内容，流可以重新利用空出的高速缓存空间来缓存后续尚未播放的内容，这样使得对视频的点播成为可能，因此能够满足学生的按需学习。

3. 交互性

流媒体能提供良好的交互。首先，学习者利用流媒体按需求进行视音频播放时，可以控制流媒体内容的播放，如前进、后退，暂停、播放等；另外，在制作资源时，我们可以通过文字、图像等为学习者提供链接，学习者可以通过链接进行相应知识的学习。例如，当经济学的老师讲某位经济学家的时候，就可以采用流媒体技术中的 SMIL 编程语言将经济学家的名字或照片加到视频中，并提供链接，这样学生就可以适时地了解关于这部分内容更详细的信息。

目前，MPEG-4 的编码方式已普遍应用在视频点播系统中提供交互视频服务，在构建网络视音频教育资源时，也可利用这种方式，在不影响视频播放情况下，在其左边和右边加上一定的附加图像，如讲解者的照片、正在播放的视频内容的相关图片、背景图片等，让学习者随时点击了解。

4. 丰富的媒体效果

在构建资源时，如果使用的是Real System或是Quick Time的媒体系统，可以利用SMIL语言进行编程，以此实现媒体布局、时间线控制、动画的过渡效果、多带宽、多语言的选择等。通过这种方式可以实现更加丰富的效果，将更多的媒体形式组合在一起，所有的媒体可以分别存储在不同的主机中，只要知道它的定位地址，将其写入所编写的 SMIL 文件当中即可，并且可以根据需要修改这些组合起来的媒体中的某个或某些，而不像其他的生成文件那样，为了要修改某一组成部分而重新生成媒体文件。如果教师作为制作者，对他所讲的每一科目都很熟悉，知道如何将各个媒体组合在一起发挥最佳效果，对于版面的布置和时间线的安排正好可以让教师们有发挥的余地；另外，这样的语言也可以适应不同带宽的用户，防止因带宽问题而不能播放的情况；最后，SMIL 文件可以用记事本编写，是链接文件，非常的便捷，且节省计算机有限的硬盘空间。

5. 视音频可整合到课件中

很多老师上课时都会使用 PPT 文件作为自己的讲稿，而使用流媒体技术的一些工具正好可以为我们提供将讲稿同教师授课视频结合起来的功能，当学生看到老师讲课的视频，可以增加亲切感，利于学习者学习；或是看到与学习内容相关的视频，根据心理学多种感官获得的信息结合在一起可使学习效果更佳。例如，采用的是 Media Services 系统，那么就可以用 Microsoft Producer 将讲义同视频结合起来；还有，采用任何一种媒体系统，都有屏幕录制功能，并能同其他文件结合起来共同发布，为计算机或其他操作类的学习提供资源，加强学习者的学习效果。

6. 提供版权保护

制作者都希望自己的权益受到保护，而流媒体系统都可以提供 DRM 服务，即数字版权管理。例如，Windows 的版权管理 SDK，可以制作用于加密和分发许可证的程序，离开认证的机器就无法播放这些文件；它还可以根据用户的级别提供不同的服务；另外，版权管理对使用的资源提供安全控制，增加了安全性。

7.3.3　流式传输方式

在网络上传输视音频等多媒体信息，目前主要有下载和流式传输两种方案。

A/V 文件一般都较大，所以需要的存储容量也较大；同时，由于网络宽带的限制，下载常常要花数分钟甚至数小时，所以这种处理方法延迟也很大。由于网络的传输速度慢，如果按传统的计算机文件处理方式来处理网络多媒体信息，将会造成麻烦。通常情况下，计算机处理文件是完整地进行处理的。也就是说，文件在被处理的时候必须是一个完整的整体。在网络环境下，一个 5 分钟的 MP3 格式音乐文件，压缩后体积约为 5MB，在 1Mbit/s 的网络中下载到本地需要 1 分钟的时间。也就是说，按照“惯例”使用者按下鼠标后，最快也要 1 分钟以后才能听到声音，如果是数据量更大、时间更长的视频，用户就需要更长的等待时间。而文件一旦遭到损坏，或者只有一半的内容，那么计算机将认为该文件是坏的，是不可处理的，那么实时的语音或者视频通信则无法实现。

流式传输时，声音、影像或动画等时基媒体有视音频服务器向用户计算机的连续、实时传送，用户不必等到整个文件全部下载完毕，而只需经过几秒或数十秒的启动延时即可进行观看。当声音等时基媒体在客户机上播放时，文件的剩余部分将在后台从服务器内继续下载。流式不仅使启动延时大幅度缩短，而且不需要太大的缓存容量。流式传输避免了用户必须等整个文件全部从 Internet 上下载完才能观看的缺点。

7.3.4　P2P 流传输和共享

传统的流媒体服务器大都是客户/服务器(C/S)模式，即用户从流媒体服务器点击观看节目，然后流媒体服务器以单播方式把媒体流推送给用户。当流媒体业务发展到一定阶段后，用户总数大幅度增加，这种 C/S 模式加单播方式来推送媒体流的缺陷便明显地显现出来(如流媒体服务器带宽占用大、流媒体服务器处理能力要求高等)，带宽、服务器等常常成为系统瓶颈，系统的可扩展性差。

近年来，人们把 P2P 技术引入到流媒体传输中而形成了 P2P 流媒体技术。该方法有两方面的优点：首先，这种技术并不需要互联网路由器和网络基础设施的支持，因此性价比高且易于部署；其次，可以扩大用户组的规模，而且更多的需求也带来了更多的资源。

7.4　网络多媒体应用

近年来网络多媒体技术得到了迅速的发展，应用领域也不断扩大，这是社会需求与科学技术发展相结合的结果。网络多媒体应用指以声音和电视图像为主的多媒体通信，如声音、视频的点播或广播、因特网电话、视频会议、远程教学、虚拟现实、IPTV、移动流媒体及电子家庭等。网络多媒体技术正广泛应用于管理、教育、培训、公共服务、广告、文艺、出版等领域。

7.4.1　视频点播

视频点播(Video On Demand，VOD)，也称为交互式电视点播系统。VOD 出现的最初动力是人们对广播电视的不满，在现行的电视节目中，收看者完全是被动的。节目提供者放什么节目，观众就只能看什么节目，节目时间也是固定不变的。尽管电视台可以提供很多的节目，但要想真正完整地收看到一个自己满意的节目，对于许多人来讲也是不太容易做到的，因为在快节奏的现代社会中，许多人不可能为了看某一个电视节目而预先安排自己的时间。被迫习惯了这种被动收看方式的人们，对于有朝一日能够按照自己的需要自由点播节目，充满了美好而迫切的憧憬。

计算机技术的发展及数字通信技术的长足进步使得视频点播成为现实，即点播用户只要操作遥控器，主动点播，即刻就可收看和欣赏节目库中自己喜爱的任意节目，并可进行快慢等自由控制，节目内容除了多媒体软件、教学信息、电影音乐外，还包括提供查询、浏览、指南、交易、广告、新闻等各类节目。世界许多国家都在试验和发展 VOD，它的出现使得 PC 变成了一种可以随时获取的媒体，更像是一本书或是一张报纸，可以浏览或者调整，不再局限于某一时间或日期，也不受传送耗时的限制。

随着宽带网和信息家电的发展，流媒体技术会越来越广泛地应用于视频点播系统。很多大型的新闻娱乐媒体都在 Internet 上提供基于流技术的音频、视频节目，如国外的 CNN、CBS 及我国的中央电视台等。

7.4.2　互联网直播

随着 Internet 的普及，从 Internet 上直接收看体育赛事、重大庆典、商贸展览等成为很多人的愿望，同时很多厂商希望借助网上直播的形式将自己的产品和活动传遍全世界，这一切都促成了互联网直接的形成。

网上直接是网络视频应用的一个热点，它使观众摆脱了对电视的依赖。中央电视台每年的春节联欢晚会除了电视直播外，还同步在网上直播，世界各地的观众只要登录中央电视台的网站，就可以直接在多媒体计算机上收看；越来越多的网站也采用网上直播的形式同步报道国内外的重大事件，大大加快了视频信息的传递的实效性。目前，网上直播大多采用流媒体技术，流媒体技术可以在低宽带环境下提供高质量的视音频。特别是流媒体技术中的智能流技术，可以根据网络宽带的动态变化而自动地调整播放质量，避免在播放过程中的信息流中断。

7.4.3　视频会议

视频会议业务以在社会性的信息交流中发挥巨大的沟通作用。视频会议通过通信网络把两个或多个地点的多媒体会议终端连接起来，在其间传送各种图像、语音和数据信号，使出席会议者有亲临现场的感觉。除了用于多点多媒体会议之外，视频会议系统还应用于远程教育、远程医疗等需要传送实时音频、视频和数据的业务。

视频会议能为用户提供直接、全面的沟通交流，并能节约时间、降低成本、提高生产率，因此，巨大的市场需求推动了视频会议技术的发展。国内外很多科研机构和厂商都进行了多媒体多点会议通信信息的研究，并推出了各自的视频会议系统。

视频会议系统可以使多个用户能通过各自的工作设备同步通信，就像他们在同一房间里进行讨论一样。通过视频会议系统，与会者之间可以传送文档资料，其他与会者不仅可以听到讲话者的实时语音信息，而且能看到实时影像和会议情景。

7.4.4 远程教学

远程教学的最大特点是，师生异地分离，学生的学习是以电视、文字教材为主要媒体，教学信息的传输是单向传播，是点对面的传播，学生无法控制教学媒体，教师与学生缺乏及时的沟通渠道。流媒体技术则可以解决上述问题，因为流媒体信息不仅可以点对面的传播，而且可以点对点的传播。学生可以对流媒体中的视频、音频流进行快倒、快进或暂停等交互操作。利用流媒体的视频会议和视频点播功能，教师与学生、学生与学生、学生与媒体之间可以进行全方位的交互。

流媒体技术可以利用网络来现场直播课堂教学的内容，学生在网络的任何一个接入点都能实时看到现场直播教学。将各种教学内容转换成流式文件存储在流媒体服务器中。学生可以根据自己的实际情况，选择合适的时间，通过上网访问相应的服务器，进行自主学习。利用流媒体的视频会议或可视电话功能，异地教师、学生可以通过交流、讨论等活动，进行协作式学习。

7.4.5 IPTV

IPTV 即交互式网络电视，是一种利用宽带有线电视网，集体联网、多媒体、通信等多种技术于一体，向家庭用户提供包括数字电视在内的多种交互式服务的崭新技术。IPTV 利用计算机或机顶盒加电视完成接收视频点播节目、视频广播及网上冲浪等功能。

传统电视播放存在的问题是，电视是单向广播方式，它极大地限制了电视观众与电视服务提供商之间的互动，也限制了节目的个性化与即时化。

IPTV 是利用宽带有线电视网的基础设施，通过互联网络协议来提供包括电视节目在内的多种数字媒体服务。其特点表现在以下 3 个方面。

(1) 用户可以得到高质量(接近 DVD 水平的)数字媒体服务。

(2) 用户可有极为广泛的自由度选择宽带 IP 网上各网站提供的视频节目。

(3) 实现媒体提供者和媒体消费者的实质性互动。

IPTV 采用的播放平台将是新一代家庭数字媒体的终端代表，它能根据用户的选择配置多种多媒体服务功能，包括数字电视节目、可视 IP 电话、DVD/VCD 播放、互联网游览、电子邮件，以及多种在线信息咨询、娱乐、教育及商务功能。

7.4.6 移动流媒体

随着移动通信的不断发展和应用的不断丰富，人们不再满足于移动语音和简单的数据沟通，而期望其具有视频效果，移动流媒体技术由此应运而生。移动流媒体就是流媒体技术在移动网络和终端上的应用，主要是利用移动通信网为手机终端提供音频、视频和数据的流媒体服务。

移动流媒体的典型方式有以下几种：按需点播包括了视频点播、音乐点播、新闻等；实况事件包括实时新闻、电视直播、交通实况、远程教学等；模拟实况包括移动电视、移动广播等。

3G 移动通信网作为日臻完善的无线网络，为流媒体的应用提供了一个崭新的平台，也为流媒体技术更好地为使用者服务开辟了新的传输媒体。随着手机增值业务的不断发展，视频、音频流媒体业务将会成为 3G 增值业务的一个热点，通过实现视频点播、收看视频节目成为最能吸引用户眼球的业务之一。

7.5　利用流媒体构建网络视音频教育资源的方式

鉴于流媒体技术的特点，可以在构建网络视音频教育资源中发挥巨大的力量。利用流媒体，可以在以下 5 个方面构建资源。

7.5.1　构建媒体素材库

各级各类教学部门、电教馆、广播电视台积累了大量的模拟及数字的视音频素材，如以前专为教育拍摄的电教片、会议资料、比赛、生活记录的录像、录音，或是教育电视台的节目和非教育电视台播放的具有教育目的的节目，都可以将这些资源和节目编码之后转换成流式文件；另外，网上的一些资源没有经过管理，比较散乱，也可以根据其有无教育目的，将这些资源筛选出来，进行初步编辑，并转成流式文件，之后可以按照学科或其他方式进行分类，然后存储在数据库中。在分类的时候可以为其提供几种不同的标签，以方便管理及检索。例如，关于敦煌的录像，既可以给其添加历史的标签，也可以添加地理、佛教等标签，方便不同人群调用。当教师在备课需要某一类素材的时候，可以在数据库中搜索这些素材，放入自己所做的课件之中；学生也可以从数据库之中调出素材，用于自己在课后丰富知识，解决疑惑，或用于完成作业。

7.5.2　网络直播教学

网上直播要求系统具备高传输速率、数据同步、数据流的分流、高稳定性等特性。实现网络的视音频传输最好的解决方案就是采用流媒体技术。远程教学中，就可利用流媒体进行网络直播，使分散在各地的学习者可以在同一时间内听老师的讲授或答疑，从而可以实现工业化、大规模教学。目前，某些医学院利用流媒体进行网络直播让学生学习一些难度大的、不能经常在实验室观察的手术来培训学生的专业技能。另外，学校可以利用网络直播系统将电视台的节目通过编码器编码之后通过校园网直接播放给学生，进行教学。

7.5.3　视音频点播教学

现代教育强调个性化学习，流媒体的点播方式正好为这种教育潮流提供了一种最适宜的技术。学生可以在自己的计算机上通过互联网按照自己的需求点播自己所需的视音频素材。教师也可以在多媒体教室根据课程内容的需要为学生播放事先挑选好的资源库中的素材，配合讲解传授相关课程的内容。

7.5.4　网络教学课件

流媒体还可以广泛地应用于网络课件的制作。例如，如果选择 Media Services，就可以利用 Microsoft Producer 将课件同视音频整合起来讲授课程内容或进行网络现场答疑。

7.5.5　学生上传视音频资源和作业

在构建资源库的时候应该设立一个视音频上传模块，以供学生上传自己搜集或制作的与学习内容相关的资源，不断地补充整个资源库，形成资源的共用共享。另外，学生也可以将老师要求的具有视频或音频内容的作业上传到网络中，并将其分门别类，在通过系统评估之后，放入到资源库中，以供相关学习者利用。

第 8 章　教学设计与情境创设

【学习目标】

(1) 理解教学设计的基本内容。
(2) 掌握以教学双主的教学设计模式。
(3) 能编写课堂教学设计方案、网络课程教学方案。

【核心概念】

教学设计 Instructional Design；教学策略 Instructional Strategy；
教学媒体 Instructional Media；教学评价 Instructional Evaluation。

教学设计是本世纪 60 年代以来逐渐形成和发展起来的一门新的应用科学。80 年代传入我国，以它独特的程序化、精确化和科学化充分展现了现代教学技术的魅力，在教育技术领域占有着理论的核心地位，受到广大教育工作者的关注和青睐，并进入了不同程度的研究和应用阶段。教学设计的理论与技术是每一个教师(包括在职的教师)教育专业学生都应该具备的技能。尤其是处于教育信息化发展的今天，利用信息技术，改变以往的教学方式，对课堂教学过程，对网络教学过程以及对教学、学习环境进行科学化设计、智能化设计越来越成为现在教师和未来教师肩上不可推卸的责任与要求。

8.1　教学设计概述

教学设计是根据教学对象和教学目标，确定合适的教学起点与终点，将教学诸要素有序、优化地安排，形成教学方案的过程。它是教学理论向教学实践转化的桥梁。

早期教学设计理论(从设计过程为中心的教学系统设计)过分强调了定义所体现的形式范畴，而忽略了内容范畴。目前，教学设计的重点由重视教学设计的过程模式向重视解决教学系统和过程中的问题转移(从教学问题为中心的教学系统设计)，这也并非绝对，对于创新能力的培养出现了新的教学理念——对教学场所、教学内容、教学形式、基于超文本思想设计的文字教材与起情境设计作用的多媒体课件等综合设计的立体化教学法。

8.1.1　教学设计的基本要素

教学设计的基本要素可以分为：教学目标、教学对象、教学策略、教学评价。美国学者马杰认为，教学设计依次由 3 个基本问题所组成，而近年来研究人员又把教学设计的要素划分为 3 个环节，也有人归结为 6 个要素，具体如表 8-1 所示。

表 8-1　教学设计基本要素

3 个基本问题	我要去哪里；我如何去那里；我怎么判断自己到达了那里
3 个环节	教学目标的制定；完成目标的诸要素的分析与设计；教学效果的评价
6 个要素	目标；对象；内容；方法；媒体；评价

8.1.2　教学设计的过程

教学设计首先是教学目标的确定。近年来，教育部出台的面向新课改的《基础教育改革与发展纲要》，将教学目标确定为三维教学目标，即知识与技能、过程与方法、情感态度与价值观。将教学目标进行分解并明确表述，便于教学者能够根据教学内容和受教育者的实际情况，有目的进行教学活动。根据目的设计教学策略，最后进行教学评价，看是否达到了预期的效果，通过教学反思，不断总结经验，改进教学策略，从而达到不断优化教学的目的。一般的教学设计流程如图 8-1 所示。

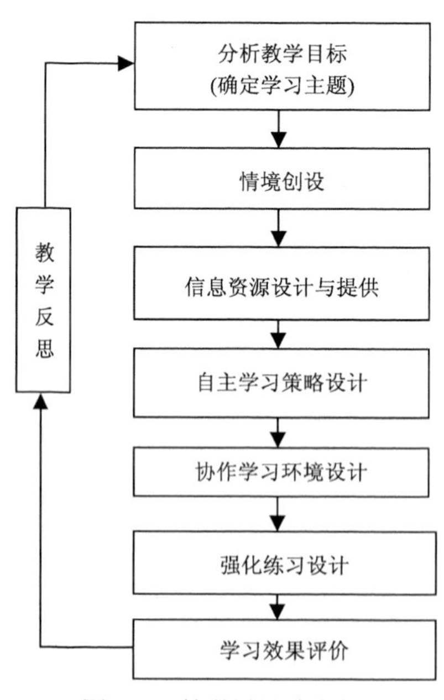

图 8-1　教学设计流程图

8.1.3 教学目标

对于教学目标国内外有不同的阐释，表 8-2 列举了美国心理学家马杰和格兰伦德的观点。

表 8-2 国外教学目标的表述

观点	人物	主要陈述方法	示例
行为观	马杰	用可以观察的具体行为陈述教学目标对行为、条件、标准的表述	开始学习书写的小学二年级学生在英文练习本上，应能书写草写体的 d、b、g 和 p，每一个字母应一笔写成，流畅美观。能在 10 分钟内阅读完两段文章(300 个字)
内外结合观	格伦兰德	先用描述内部过程的术语陈述概括的教学目标，然后用可观察的行为作例子使这个目标具体化	领会心理学术语表象的含义； 用自己的话转述表象定义； 能列举 2 至 3 种表象实例； 能区别表象与想象的异同

综合以上观点，我们认为教学目标的科学表述应符合以下 3 项要求：(1)教学目标表述的是学生的学习结果，不宜表述教师的教学行为。(2)教学目标应尽可能表述得具体，可以测量。(3)目标的表述应反映学习结果的类型和层次。

8.1.4 教学对象

1. 学习者起始能力的诊断

(1) 诊断的意义

教学中若忽视对学习者起始能力的分析，教学内容分析则会脱离实际：或将教学起点定得过高，使教学脱离大多数学生的实际；或将学习起点定得过低，而低估学习者已具备的基础，在不必要的内容分析上或不必要的教学活动上浪费时间与精力。

(2) 诊断的心理学理论与技术

美国教育心理学家罗伯特·米尔斯·加涅对学习结果的分类及其关于学习条件的思想，为学习者起始能力的诊断提供了理论基础与思路。他主要是以知识本身的类别将学习结果划分为智慧技能、认知策略、言语信息、动作技能及态度五类。这样更有助于对教学内容进行分析，即人们所称的任务分析。

任务分析：教师从既定的终点目标出发追问自己，若要达到终点目标，学生必须具备哪些次一级的构成能力；若要获得这些次一级的能力，学生又要具备哪些更次一级的能力……直到把达到终点目标的所有主要下属技能分析完毕为止。通过这样的分析，就清楚了到达终点能力的从属能力及其上下左右的相互关系。

2. 学习者背景知识的分析

(1) 分类

学习者获取知识的背景是不同的，表 8-3 做了简单比较。

表 8-3　学习者知识背景的异同

知识 / 途径	不利于新知识获得的背景知识
非正规途径获得的错误知识	1. 学生在正式学习前已经从不同途经获得了非科学的日常概念 2. 有些学生在接受科学教育的同时，仍存留着与科学概念不一致的日常概念 3. 有些概念并未完全通过教学改变，未能达到教师的计划要求
正规途径获得的有关知识的遗忘	下属知识、技能出现了故障
正规途径获得的有关知识的不清晰、未分化	新知识被原有知识取代，或产生同一性混淆

(2) 对策

首先，应充分了解学生在非正规途径中已获得了哪些有关知识，哪些是与科学知识相违背的，学生对新知识可能产生什么样的错误理解或推论。这样在正式教学时，才能有的放矢地进行比较对比，以防止可能的不恰当信息干扰新知识的意义建构。

其次，应事先考虑有哪些与新知识紧密相关的旧知识，以便能在教新知识时，适时地复习相关的旧知识，以避免因其遗忘或其不分化、不清晰带来的干扰。

第三，采用戴维·奥苏贝尔的“先行组织者”理论。①先行组织者：一种先于课程内容呈现的包容性较大的引导知识，目的是把新的学科知识纳入到学生已有的知识联系中去。组织者一般放在学习材料之前，所以通常称为先行组织者。②陈述性组织者：学习材料是全新的。一种简化的、纲要的形式去呈现新学习的观念或概念。③比较性组织者：新学习的知识与学生先前的知识有交叉重叠。

8.1.5　教学内容

教学内容是教学实施的最基本成分，不同的教学内容体现了不同的培养目标。

1. 教学内容分析要解决的问题

(1) 分析编排意图和特点。
(2) 把握教学内容在教学体系中的地位和作用。
(3) 分析教学中的重、难点。

2. 教学内容要解决的问题

(1) 教学内容的深广度要恰当。

(2) 教学容量合适。

(3) 教学内容重点突出，难点有突破措施。

(4) 教学内容的组织、排列、呈现方式要恰当；练习的配置、方法都要精心设计。

(5) 在注意知识传授的同时，要充分挖掘教材中蕴含的智力因素和情感因素，培养学生的能力和非智力品质。

3. 教材的组织呈现

(1) 布鲁纳的“螺旋”式组织。

(2) 加涅的“层级”组织。

(3) 奥苏贝尔的“先行组织者”组织。

4. 不同知识类型的教学组织

(1) 陈述性知识。

(2) 程序性知识。

(3) 策略性知识。

5. 不同课型的组织

(1) 新授课。

(2) 讨论课。

(3) 复习课。

8.2　教学媒体的运用

8.2.1　教学媒体的选择

1. 特定教学目标制约着教学媒体的选择

媒体的主要功能有：

(1) 展示事实、形成表象；

(2) 创设情境，建立共同经验；

(3) 提供示范，便于模仿；

(4) 呈现过程，解释原理；

(5) 设疑思辨，解决问题。

上述第一、第二种适合知识学习，第三种适合技能学习，第四、第五种适合智力技能学习。因此，媒体的选择，首先应依据教学目标，选择能完成相应教学目标的媒体。

2. 根据媒体的特点选择符合教学要求的媒体

作用于人体的不同感官的媒体各有所长，各有所短，可以互相补充，但很少能互相代替。

(1) 广播、录音

属于以时间因素组织信息的媒体，它的表现力受到时间先后顺序的影响。它们的优点是生动、感人，能借助语言、音乐及音响效果的组合，有轻重缓急地表现事物的特征；缺点是瞬时即逝，不便考察。

(2) 幻灯、投影

能以静止的方式表现事物的特性，让学生详细地观察放大的清晰图像或事物的细节。这些媒体几乎在教学中不再应用。

(3) 电影、电视(DVD、VCD 或者视频文件)

表现力极强，以活动的画面、鲜艳的色彩、动听的旋律呈现出事物正在变化的过程，形象逼真，能系统地描绘出事物的运动形式、空间位移、相互关系及形状变换。

(4) 计算机辅助教学软件(CAI 课件)

具有高速、准确、存储量大、能模拟逼真的现场及事物发生的进程，且动静结合，表现力强。

(5) 交互性电子白板

交互性强，图形图像文本生动，便于控制教学节奏，体现教学思维过程。

因此，教师要善于根据媒体特点，选择出符合教学要求的媒体类型。有教育专家建议：教师选择媒体时，应该问自己“我应该用哪一类的方法来诱导学生完成这个教学程序呢？”如果能决定所用的诱导方法，那么用哪些媒体也就容易决定了。

8.2.2　应用教学媒体要注意的问题

1. 有必要性。媒体不是越多越好，也不是每次必需，切忌过泛、过滥。媒体的运用是为了提高教学效果，而不是追求形式。

2. 有针对性。媒体的使用要切合目标，有助于突出教材的重难点，展示事物发展的前因后果，来龙去脉。

3. 有启发性。媒体的演示有利于创设教学情境，促使学生思考，切忌赤裸裸地展示结论。

4. 演示与讲解相结合。媒体演示是为主或是为辅，是先演示后讲解，还是先讲解后演示，或是边讲解边演示，教师要心中有数，切忌讲解与演示脱节。

戴尔的“经验之塔”

美国视听教育学家戴尔(Edgar Dale)于 1946 年写了一本名叫《视听教学法》的书。书中提出了“经验之塔”的理论，其基本观点为：宝塔最底层的经验最具体，越往上升则越抽象。但不是说任何经验都必须经过从底层到顶层的阶梯，也不是说下一层的经验比上一层的经验更有用。划分阶层是为了说明各个经验的具体或抽象的程度。

这一理论告诉我们：(1)教育教学应从具体经验下手，逐步上升到抽象。有效的学习之路应该充满具体经验。教育教学最大的失败在于，使学生记住许多普通法则和概念，而没有具体经验作它们的支柱。(2)教育教学不能止于具体经验，而要向抽象和普遍发展，要形成概念。概念可供推理之用，是最经济的思维工具，它把人们探求真理的智力简单化、经济化。(3)在学校中，应用各种教学媒体，可以使学习更为具体，从而导致更好的抽象。(4)位于宝塔中层的视听媒体，较语言、视觉符号更能为学生提供具体和易于理解的经验，并能冲破时空的限制，弥补其他直接经验方式之不足。

在戴尔的“经验之塔”理论中，将人一生中所获取的各种经验进行了细致的分类。首先，戴尔将人的经验分成 3 大类：直接的经验(做的经验)、间接的经验(替代的经验)、抽象的经验(符号的经验)。其中，直接的经验位于“经验之塔”的底层，表示直接的经验是上面两大类经验的基础，人的学习过程总是从最底层的“做的经验”开始，然后不断上升到最顶层的“抽象的经验”。而抽象的经验获得比较困难，人们在学习的时候需要具备足够的学习能力和认知能力，但是上升到“抽象的经验”是学习的必然目的。另外，在“直接的经验”和“抽象的经验”之间还存在一个“间接的经验”这一层次。戴尔认为，如果直接让学生从“直接的经验”上升到“抽象的经验”比较困难，这时候就需要有“间接的经验”或者说“替代的经验”作为桥梁，以便帮助他们顺利过渡到“抽象的经验”。在各种“间接的经验”中，视听媒体起到了一个非常重要的作用。

在戴尔所著的《视听教学法》一书中，专门论述了视听媒体所起的作用，并形成了比较完整系统的视听教学方法。在戴尔提出的 3 大类经验中，每一类经验都对应了一系列的媒体，教师在教学过程中可以按照戴尔的“经验之塔”灵活地选择不同的媒体来进行教学，以便于学生从“直接的经验”上升到“抽象的经验”，并促进学生从“抽象的经验”再返回到“直接的经验”。

完整的戴尔经验之塔一共包含了 3 大类 10 个层次。最底层为“做的经验”，而最顶层为“语言符号的经验”，中间包含了参观、访问、幻灯、电影等层次。第一次世界大战以后，随着科技的进步，越来越多的媒体应用于教育。有声电影和录音的出现最终在美国教育界促成了“视听教学运动”。而戴尔的以“经验之塔”为核心的《教学中的视听方法》则是视听教学理论的代表作。爱德加·戴尔是视听教学论的主要代表人物，而韦伯、霍本等与戴尔同时代的其他视听教学专家的研究成果也对本理论的形成产生过重要的影响。

1. “经验之塔”理论——初期的视觉教学论

1928 年，韦伯在《图像在教育中的价值》一文中阐述了视觉教学的重要性：视觉感官在教育过程中起重要作用，教育中仅仅使用语言会使同学的兴趣减弱；易导致言语主义；照相技术的改进使学习者的教材环境得以扩充。实验教育已证明：视觉教育使得课程形象化，从而在学习过程中产生了显著的经济效益。初期的视觉教学理论的核心部分包括如下 3 个方面：(1)视觉媒体能提供具体、有效的学习经验。应用视觉教育，使学习从生动、直观向抽象思维方向发展符合人类认识发展过程的规律。(2)视觉教育的分类应以其所能提供的学习经验的具体程度为依据。韦伯按照具体→抽象连续统一体的思想对典型视觉教育的分类是：现实世界→模拟的现实→图画的现实→图解的符号→词语符号。(3)视觉教育的使用要与课程有机结合。早期视觉教学论的基本内容在今天看来仍然是正确的。视听教学领域的"代言人"戴尔正是在这些基本概念的基础上发展出了以"经验之塔"为核心的视听教学理论体系的。

2. 什么是"经验之塔"

尽管在第二次世界大战后的 10 年中，戴尔的以"经验之塔"为核心的视听教学论在该领域中影响最大，但是在基本概念上并没有超出早期的视觉教学论，它的理论主体仍可以概括为上述 3 个相同的方面。我们所说"经验之塔"是视听教学理论的核心，是因为"经验之塔"构成戴尔《教学中的视听方法》全书的基本构架。"经验之塔"是一种关于学习经验分类的理论模型，比视听教学运动初期所有分类方法都更有实用价值。图中的各类学习经验可以简述如下：(1)直接的、有目的的经验。它在塔的最底部，奠定了人类学习的基础。在实践活动中，学习者用感官接触事物，接受事物的刺激，由此形成的感觉印象是认识的起点，其特点是以生动具体的形象直接反映外部世界。(2)设计的经验。它是一种经过编辑的现实。为了克服直接经验的局限，学习者需要通过人为设计的各类模型和模拟器学习，它有助于学习者区别对象的本质和非本质的东西，从而更好的形成概念。(3)参加演剧的经验。世界上有许多事情无法亲身经历。学习者通过设计的实验学习，可以弥补因空间限制而无法体验感知客观事物的某些直接经验，但学习者在时间、思想、文化等方面也同样受到限制，参加演剧可以弥补这一缺憾。戴尔认为，学习者通过参加演剧，可以接近某些实际情境，可以在按原样复制的情境中获得体验。(4)演示。演示是对重要的事实、观念、过程的一种形象化的解释，积极参与可以使学习者更加自习的观察演示。(5)校外考察旅行。它是一种突出了教学性质的旅行。作为一种学习途径，它主要目的是使学习者观察在课堂上看不到的事物，包括访问、考察等活动。(6)展览。参观展览也是一种学习途径。举办展览，一般只包括模型、照片、图表以及一些实物等，因此，参观展览的学习经验比校外考察旅行更为抽象。(7)电视和电影。戴尔认为，电视和电影提供的仅是一种视听经验，学习者在观看事物的发展时并无直接接触、品尝等体验，他们只是观察，只能以一种想象的方式参与其中，不如实地参观时身临其境，感受深刻。(8)广播、录音。它们提供的内容更加抽象了。照片和图解缺乏电影电视画面的动感；广播和录音则缺少视觉形象。但它们给学习者提供的是视听刺激，故仍属一种"观察"的学习经验。(9)视觉符号。它包括地图、图表、示意图等提供的学习经验。在视觉符号里，人们看不到事物的真实形态，只看到一种抽象的代表物。学习中，学习者所接触到的符号与自己已认识的事物往往毫无相似之处。(10)词语符号。词语符号可以是一个词、一个概念或一条原理等。它们与其所代表的事物或观念不存在任何视觉上的提示，因此，词语符号的学习是最抽象的学习经验。

8.3　教学效果评价

8.3.1　评价的手段

对教学效果的评价主要是通过形成性评价和终结性评价来实现的。形成性评价与终结性评价是性质完全不同的两种评价，两者的明显区别是：(1)测试的目的不同。形成性评价是一种过程评价，其目的在于对目标形成过程进行诊断，主要着眼于还没有掌握的那部分知识，向学生提供弥补知识缺陷的途径、措施。终结性评价则是一种总结性评价，它是在一个阶段教学活动后所作的评价，其目的在于检测教学目标的达成度，着眼于学生所学知识的掌握。(2)编制试题的方法不同。形成性评价是把一个单元里所有基本知识点及掌握各知识的不同层次、要求均包括在内，且每一个知识点都必须由一个或者一个以上的试题来对之进行测试。而终结性评价则截然不同，它是在有限的测试时间内，对全书中的知识点抽样测试。

形成性评价或终结性评价的编制都要先编制命题双向细目表，再根据双向细目表编写试题。编写双向细目表及组成试题时要注意层次性、适当性、全面性 3 个问题。

8.3.2　评价的方式

评价学生的作业，是反馈教学效果的最直接方式。采取不同方式评价作业，对教学效果有极大的影响。归纳学生作业的评价方式主要有以下 4 种。

1. 按时评价

教师对学生的作业不可积压，须按时评价，使学生迅速得到反馈信息。

2. 切实评价

教师的评价要切实详细，不可只写“阅”字敷衍了事。批语要具体、文字要浅显、字迹不潦草，符合学生的程度与能力。

3. 共同评价

包括：(1)师生共同评价。(2)家长参与评价。(3)有关教师共同评价。

4. 学生相互评价

教学结束后，当场让同桌学生交换试卷或作业，互相批改。有些学校建立的虚拟学习社区就可以进行学生间的交流，达到协作学习与评价的效果。这也是及时反馈信息给学生的一种有效方式。

8.4　教学情境的创设

创设情境是教学设计最重要的内容之一，要求我们将传统的教学设计，改变为设计情境化的学习环境，针对特定的学习目标，将学习内容安排在情境化的真实学习活动中，让学生通过参与真实的问题求解等实践活动而获得更有效的学习方法和知识。

德国教育学家第斯多惠说："教学的艺术不在于传授的本领，而在于激励、唤醒、鼓舞。"在课堂教学中，如何激励、唤醒、鼓舞学生，使学生乐于学习呢？情境教学是激发学生学习兴趣的最好手段。教学实践证明，精心创设各种教学情境，将学生置于乐观的情感中，能够激发学生的学习动机和好奇心，调动学生求知欲望，发展创造性思维，培养发现精神。

8.4.1　情境学习模式

建构主义主张基于丰富资源的情境性学习(Situated Learning)。情境学习的倡导者们(J. S. Brown，A. Collins & P. Duguid)认为，知识是具有情境性的，是活动、背景和文化产品的一部分，知识正是在活动中，在其丰富的情境中，在文化中不断被运用和发展着。由此，情境性学习主张：学习应着眼于解决生活中的实际问题，应在具体情境中进行，应借助于丰富的学习资源，应把所学的知识与一定的真实任务情境挂钩，应让学生合作解决问题。情境教学具有以下特点：首先，学习的任务情境应与现实情境相类似，以解决学生在现实生活中遇到的问题为目的。其次，教学过程应与现实中问题解决过程相类似。第三，学科目的教学应创设有丰富资源的学习情境，其中应包含许多不同情境的实例和有关的信息，以便学习者根据自己的兴趣、爱好去主动发现、主动探索。

8.4.2　基于情境学习的教学设计

基于情境学习的教学设计、教学策略有多种，比较典型的是美国 Vanderbilt 大学认知技术课题组(简称 CTVG)于 1990 年启动开发的贾斯珀系列(Jasper Series)，并提出了抛锚式教学模式(Anchored Instruction)。这一模式是指创设含有真实事件或真实问题的情境，学生在探究事件或解决问题的过程中自主地建构知识的意义。由于抛锚式教学要以真实事例或问题为基础(作为为"锚")，所以有时也称之为实例教学或基于问题的教学。这种教学特别强调具体情境对知识建构的作用，所以又称之为情境性教学。这一教学模式的一般程序是：(1)创设情境。使学习能在与现实情境基本一致或相类似的情境中发生。(2)确定问题。在上述情境中，选择与当前学习主题相关的真实性事件或问题作为学习的中心内容。选取的事件或问题就是"锚"，这一环节的作用就是"抛锚"。(3)自主学习。由教师向学生提供解决问题的有关线索，让学生通过自主探索解决问题。(4)协作学习。开展讨论、交流，通过不同观点的交锋、补充、修正，加深学生对当前问题的理解。(5)效果评价。包括学生个人的自我评价和学习小组对个人学习的评价。

抛锚式教学的主要目的是使学生在一个完整、真实的问题情境中，产生学习的需要，并通过学习共同体成员之间的互动、交流即协作学习，凭借学习者主动探索、亲身体验，完成对知识的意义建构过程。总之，抛锚式教学是使学生适应真实生活、学会独立识别问题、提出问题和解决问题的一种十分有效的途径。

扩展阅读二

思维导图——可视化教学设计与可视化思维

思维导图，又称心智图，是表达发散性思维的有效图形思维工具。它的创始人是英国著名心理学家托尼·博赞。思维导图运用图文并重的技巧，把各级主题的关系相互隶属与相关的层级图表现出来，把主题关键词与图像、颜色等建立记忆链接。思维导图充分运用左右脑的机能，利用记忆、阅读、思维的规律，重点是发散式思维的规律，协助人们在科学与艺术、逻辑与想象之间平衡发展，从而开启人类大脑的无限潜能。

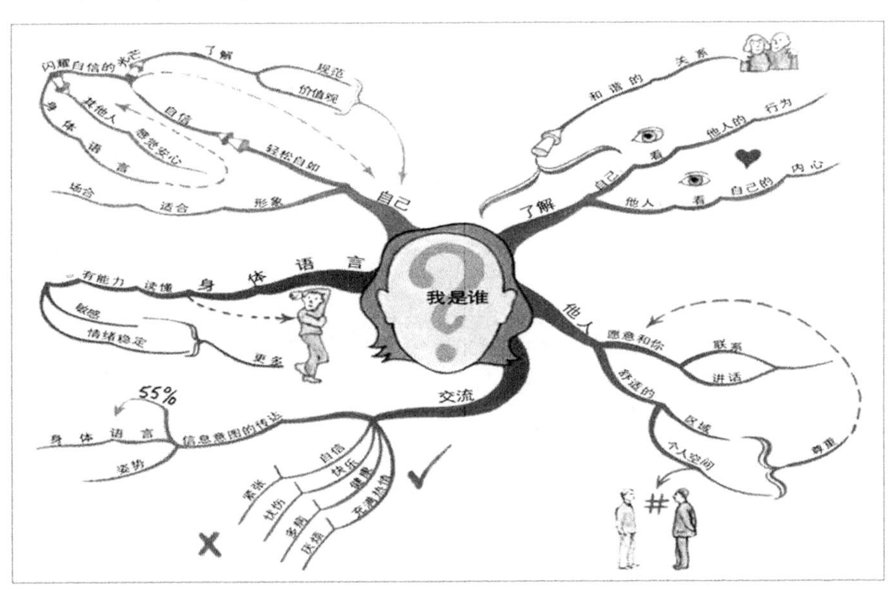

图 8-2　思维导图示意图

拓展练习：

在网站上下载思维导图软件，并安装。安装和使用界面如图 8-3 和图 8-4 所示。

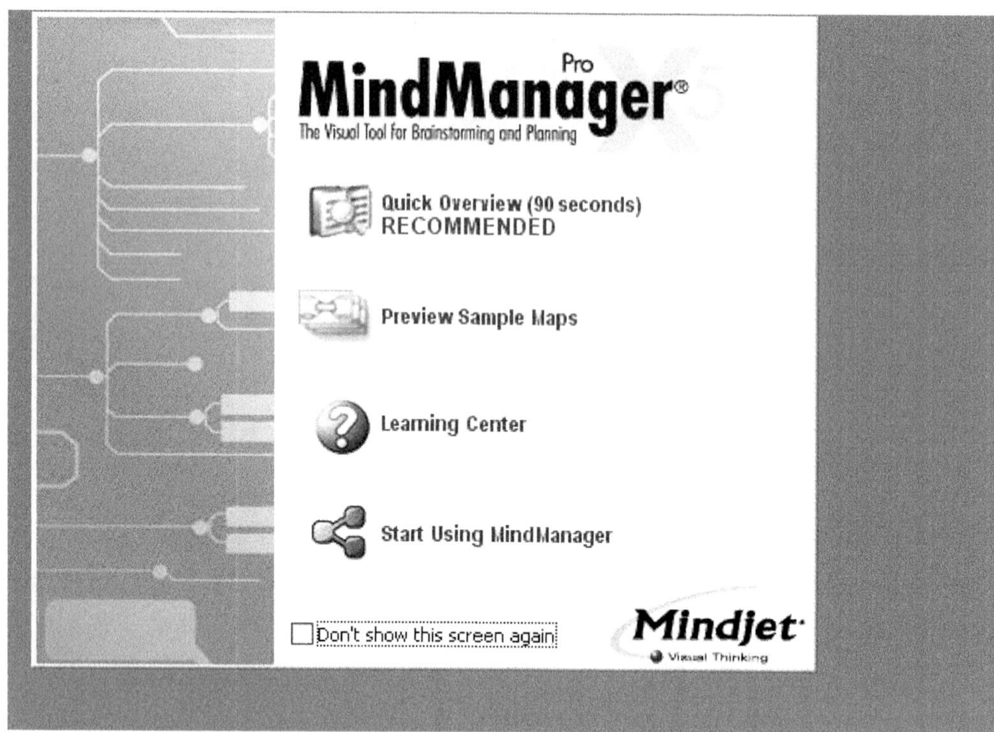

图 8-3　思维导图 MindManager Pro X5 安装界面

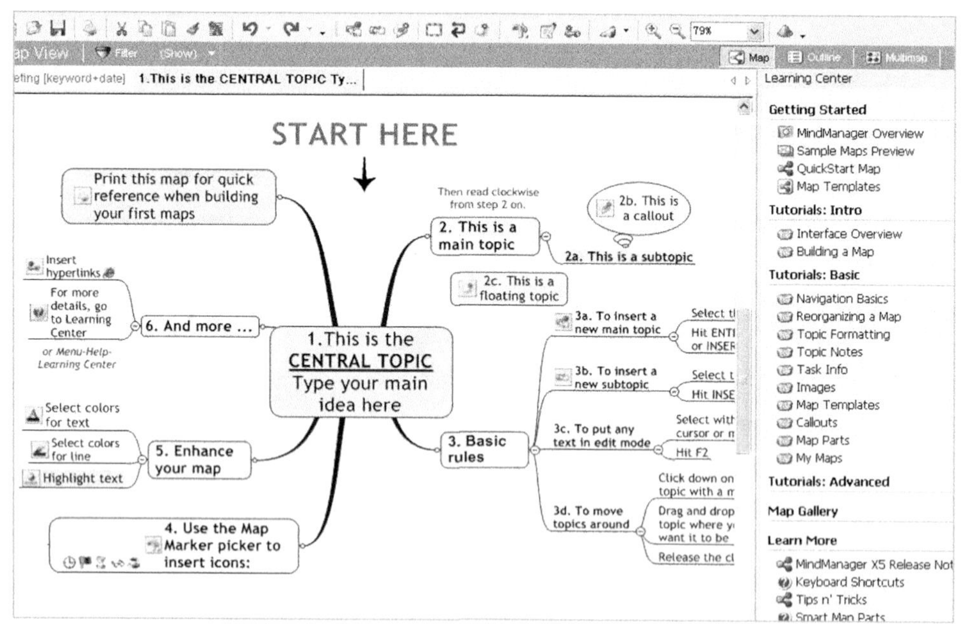

图 8-4　思维导图 MindManager Pro X5 使用界面

选择一个主题，然后利用思维导图整理一下说明提纲，这种可见的思维内容会帮助你更明晰思维内容，更有条理地讲话或写作。

参 考 文 献

[1] 罗文浪. 现代教育技术. 北京：北京航空航天大学出版社，2006

[2] 何克抗. 我国数字化学习资源建设的现状及其对策. 电化教育研究，2009(10)

[3] 张银，王兴玲，刘鹏. 数字化学习资源建设的问题与对策. 计算机教育，2012(1)

[4] 王娟. 影响高校多媒体教学效果的因素分析与建议. 电化教育研究，2009(5)

[5] 章苏静. 数字化教学资源管理. 北京：科学出版社，2008

[6] 顾明远. 教育大辞典. 上海：上海教育出版社，1990：79

[7] 祝智庭. 现代教育技术——走向信息化教育. 北京：教育科学出版社，2002

[8] 徐福荫，李云林，胡小勇等. 教学媒体的理论与实践. 北京：北京师范大学出版社，2010

[9] 教育部. 中小学教师教育技术能力标准(试行).2004

[10] 王云，李志河. 现代教育技术. 北京：清华大学出版社，2011

[11] 刘清堂，王忠华，陈迪. 数字媒体技术导论. 北京：清华大学出版社，2008

[12] 胡亚梅. 基于流媒体的网络教学资源的研究与实现. 南京师范大学教育科学学院，2005

[13] 习雷. Web 环境下基于流媒体的视频点播系统的设计与实现. 现代企业教育，2007(2)

[14] 马金钟. 立体化教学的研究与实践. 师范教育论丛，2001(2)

[15] www.nerc.edu.cn

[16] www.moe.edu.cn